みんな大好き！
お店やさんごっこ
いしかわ☆まりこ

かんたんアイテム **150**

contents

part 1 「お店やさんごっこ」で遊ぼう！

6-9　作り方 52-54
ケーキやさん
ショートケーキ｜チーズケーキ｜チョコレートケーキ｜モンブラン｜イチゴのケーキ｜カップケーキ｜プリンパフェ｜シュークリーム｜ロールケーキ｜ミニドーナツ｜コーヒー｜折り紙のレースペーパー｜ケーキやさんなりきりセット（カチューシャ＆エプロン）

10-11　作り方 55-56
パンやさん
サンドイッチ｜メロンパン｜カメさんパン｜パンダパン｜フランスパン｜焼きそばパン｜ホットドッグ｜トレー｜パンやさんなりきりセット（帽子＆エプロン）

12-15　作り方 57-59
レストラン
ピザ｜ホットケーキ｜スパゲッティ・ミートソース｜ハンバーグ｜カレーライス｜オムライス｜スパゲッティ・ナポリタン｜レモンジュース｜メロンソーダ｜オレンジジュース｜コックさんなりきりセット（帽子, ネッカチーフ, エプロン＆ひげ）

16-17　作り方 60-61
おべんとうやさん
シューマイ弁当｜唐揚げ弁当｜エビフライ弁当｜ハンバーグ弁当｜おにぎり｜いなりずし｜おべんとうやさんなりきりエプロン

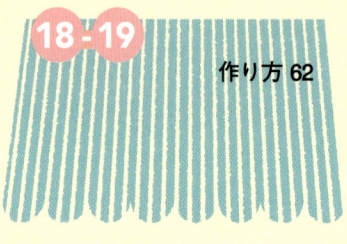

18-19　作り方 62
ラーメンやさん
ラーメン｜ギョーザ｜チャーハン｜ざるそば｜きつねうどん｜ラーメンやさんなりきりセット（タオル＆前かけ）

20-21　作り方 63
ハンバーガーショップ
フライドポテト｜チキンナゲット｜ハンバーガー｜イチゴシェイク｜トレー｜ハンバーガーショップなりきりエプロン

22-23　作り方 64-65
おすしやさん
お茶｜サーモン｜たまご焼き｜エビ｜イカ｜マグロ｜のり巻き（マグロ・キュウリ・かんぴょう）｜イクラ｜ウニ｜手巻きずし｜おすしやさんなりきりセット（はち巻き＆前かけ）

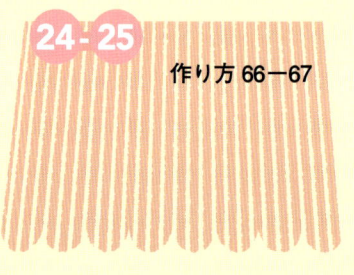

24-25　作り方 66-67
さかなやさん
ヒラメ｜カニ｜サンマ｜マグロのさしみ｜タイ｜イカ｜タコ｜さかなやさんなりきり前かけ

26-27　作り方 68-69
やおやさん
キャベツ｜トマト｜タマネギ｜ジャガイモ｜ダイコン｜ニンジン｜ネギ｜ゴボウ｜キュウリ｜サツマイモ｜やおやさんなりきりセット（帽子＆エプロン）

28-29 作り方 70—71
くだものやさん
リンゴ｜ナシ｜バナナ｜ミカン｜サクランボ｜レモン｜カキ｜イチゴ｜スイカ｜メロン｜モモのかんづめ｜パイナップルのかんづめ｜くだものやさんなりきりセット（帽子＆エプロン）

30-31 作り方 72—73
おかしやさん
クッキー｜マシュマロ｜キャンデー｜せんべい｜チョコレート｜ポテトチップス｜だんご｜おかしやさんなりきりセット（三角巾＆エプロン）

32-35 作り方 74—76
でんきやさん
デジタルカメラ｜ビデオカメラ｜携帯用ゲーム機｜携帯電話｜ドライヤー｜ノートパソコン｜腕時計｜テレビ＆リモコン｜でんきやさんなりきりはっぴ

36-37 作り方 77
はなやさん
ポットフラワー｜ユリ｜カーネーション｜ヒマワリ｜チューリップ｜ガーベラ｜はなやさんなりきりセット（ネッカチーフ＆エプロン）

38-39 作り方 78—79
ようふくやさん
小さな帽子｜ブレスレット｜ネックレス｜指輪｜ワンピース｜レースのブローチ｜ブローチ｜サングラス｜ベスト｜カバン｜ベルト

40-41 作り方 80—82
おしゃれサロン
はさみ｜美容師バッグ｜ヘアピン｜カーラー｜エクステンション｜ネイルシール｜おしろい｜口紅｜化粧品ケース｜化粧台｜かつら

42 作り方 82
しゃしんやさん
写真のフレーム（お店やさんごっこ｜いただきまーす！｜お花がいっぱい！）

part 2 「お店やさんごっこ」を盛り上げよう！

44-45　盛り上げアイテム　　作り方 83—84
　　　　レジスター｜ポスター｜メニュー｜三角くじ｜福引き｜ポイントカード｜財布｜小銭入れ｜2つ折り財布｜お札｜硬貨｜ショルダーバッグ｜買い物かご

46-47　売り方と展示のポイント

48　　　もっと盛り上がるポイント4か条

part 3 「お店やさんごっこ」のアイテムを作ろう！

50-51　よく使う材料と作り方の工夫
52-84　アイテムの作り方
85-87　アイテムの型紙

はじめに

子どもはみんなお店やさんごっこが大好き。
この本には、かんたんに作れるお店やさんグッズや、なりきるためのコスチュームが勢ぞろいしています！
「こんなお店やさんになりたいな」
「こんなものがあったらいいな」
と、イメージをどんどんふくらませてお店の商品を作りましょう。
できた商品を並べたり、お店の飾りつけをしたり、コスチュームを用意したりしているうちに、だんだんお店やさん気分が盛り上がってきます！
売る人も買う人もどちらも楽しくてワクワクできるのは、お店やさんごっこの大きな魅力です。
いよいよお店やさんが開店すると、「いらっしゃいませ！」「くださいな」「ありがとう」などの言葉も自然に生まれ、お友達や先生、パパ、ママとのコミュニケーションもばっちり楽しめるでしょう。この本が1冊あれば「お店やさんごっこはまかせて!!」と言ってもらえるように、たくさんのアイテムを、ギュッとつめこみました。
さあ、お店やさんごっこの世界へ「ようこそ、いらっしゃいませ！」

いしかわ☆まりこ

この本の使い方

本書のお店やさんごっこのアイテムには、★の数で作り方の難易度を示しています。
★　　　子どもが1人でも作ることができます。
★★　　大人が少しだけ手を貸してあげましょう。
★★★　子どもと大人が一緒に作りましょう。

※材料、道具などは、いずれも大人が事前に準備をして、様子を見守りながら手を貸してあげましょう。

part 1 「お店やさんごっこ」で遊ぼう！

こんなお店やさんが開店します！

Let's enjoy!

- ケーキやさん
- パンやさん
- レストラン
- おべんとうやさん
- ラーメンやさん
- ハンバーガーショップ
- おすしやさん
- さかなやさん
- やおやさん
- くだものやさん
- おかしやさん
- でんきやさん
- はなやさん
- ようふくやさん
- おしゃれサロン
- しゃしんやさん

あま～いお菓子、大好き！
ケーキやさん

主な材料
牛乳パック、ティッシュ、折り紙、毛糸など
作り方
≫ **52-54ページ**

牛乳パックが ケーキに 変身！

おいしいケーキ、いかがですか？

ショートケーキ ★★

チーズケーキ ★

ケーキやさん なりきりセット ★★
カチューシャ＆エプロン

大人になったらなりたいもののトップはケーキやさん。
かわいいケーキをたくさん作りましょう！

毛糸を
カップに
盛りつける
だけ！

★
モンブラン

★★
チョコレートケーキ

★★★
イチゴのケーキ

ケーキやさん

カップケーキ ★

A

B

折り紙のレースペーパー ★

うわあ、おいしそう！

プリンパフェ ★★

ゼリーの空き容器がグラスに、紙コップがプリンに早変わり！

ここは、お店の中にあるカフェ。
おいしいケーキをその場で選ぶのも楽しいですね。

ケーキセット、
おまたせしました

★★
シュークリーム

★★
ロールケーキ

封筒を
半分に切って
クシャクシャに
するだけ！

★
ミニドーナツ

★★
コーヒー

ふかふかパンを作ろう！
パンやさん

主な材料
模造紙、色画用紙、封筒、毛糸など
作り方
》**55-56ページ**

メロンパン、おいしいですよ

サンドイッチ ★★

メロンパン ★

カメさんパン ★★

パンやさん
帽子 ★★
エプロン ★
なりきりセット
帽子＆エプロン

町のパンやさんはみんなの人気者。
できたてのパンを食べたくて、みんなが並びます。

ティッシュや
トイレットペーパー
を模造紙で
くるもう！

★★
パンダパン

★
フランスパン

毛糸が
焼きそばに
早変わり！

★★
焼きそばパン

★★
ホットドッグ

★★
トレー

11

大好物が並んでる！
レストラン

主な材料
毛糸、色画用紙、紙皿、お花紙、スズランテープなど
作り方
≫ 57-59ページ

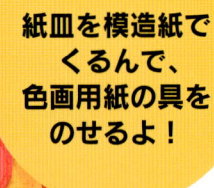

紙皿を模造紙でくるんで、色画用紙の具をのせるよ！

ピザ ★★

ホットケーキ ★★

メロンソーダ ★

レモンジュース ★

カラフルなスズランテープがソーダになっちゃった！

レストランはまるで夢の国。
食べてみたいものを想像しながら作りましょう。

スパゲッティ・ミートソース ★

コックさん　　帽子 ★★　その他 ★
なりきりセット
帽子, ネッカチーフ, エプロン＆ひげ

ぼくがつくるの、
おいしいよ。
おっとっと

オレンジジュース ★

レストラン

メニューの
なかから
えらんでね

ハンバーグ ★★

カレーライス ★

広告の料理写真を切り抜いて、メニューを作りましょう。
それをまねして料理を盛りつけてもいいですね。

オムライスが
たべたいです！

オムライス ★★

スパゲッティ・ナポリタン ★

元気よく売ろう
おべんとうやさん

主な材料
封筒、色画用紙、ティッシュ、キッチンペーパー、ペットボトルのふたなど
作り方
≫ 60-61ページ

じまんの
エビフライ
べんとうよ！

ペットボトルの
ふたが
シューマイに
なるんだよ！

★★
シューマイ弁当

おべんとうやさん
★
なりきりエプロン

★★
唐揚げ弁当

唐揚げ弁当からおにぎりまで、なんでもそろっています。
大好きなおかずを作ってみましょう。

エビフライ弁当 ★★

おにぎり ★

白いごはんは
キッチン
ペーパーだよ

ハンバーグ弁当 ★★

封筒に
ティッシュを
詰めて、
できあがり！

いなりずし ★

行列ができるよ
ラーメンやさん

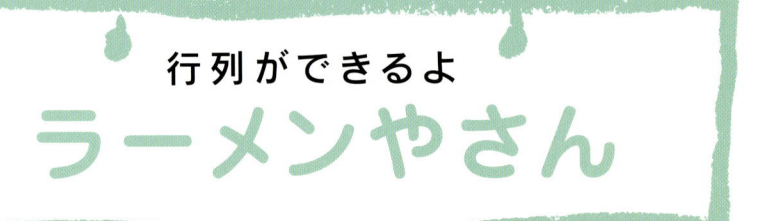

主な材料
色画用紙、新聞、ティッシュなど
作り方
》**62**ページ

ラーメン ★

はい、ラーメンいっちょう！おまちどおさま！

ギョーザはこげ目がポイント！

ギョーザ ★★

ラーメンやさん
なりきりセット
タオル＆前かけ ★

ラーメンにはギョーザがつきもの。
こんもりと盛られたホカホカのチャーハンも人気です。

カラフルな具を描いた模造紙で新聞紙をくるむよ

★ チャーハン

こんなものも作れるよ

★ きつねうどん

★ ざるそば

細く切った新聞紙の色が、そばにそっくりだね！

セットでどうぞ
ハンバーガーショップ

主な材料
色画用紙、封筒、お花紙など
作り方
≫ **63**ページ

★ フライドポテト

★★ チキンナゲット

★★ ハンバーガー

★ イチゴシェイク

★ トレー

同じマークをつけると本物みたい！

いろいろな具を重ねて、上手にハンバーガーを作りましょう。
トレーに並べると、本物みたいですね。

できた！

これから
ハンバーガーを
つくりまーす！

バンズ

ハンバーグ

トマト

レタス

チーズ

バンズ

パクッ！
わぁ、おいしい！

こげ茶色の
折り紙が
ハンバーグ
そっくりに！

ハンバーガーショップ ★
なりきりエプロン

新鮮なネタが自慢！
おすしやさん

主な材料
ティッシュ、色画用紙、フェルトなど
作り方
》64-65ページ

★ お茶

色画用紙を切るだけなのに、本物みたい！

★ サーモン

★ たまご焼き

★ エビ

★ イカ

★ マグロ

たくさんの種類のおすしを回転ずし風にアレンジ。
お客さんのリクエストにこたえて、その場で握っても楽しいですね。

へいっ！
マグロを
にぎるよ！

おすしやさん
なりきりセット ★
はち巻き＆前かけ

手巻きずし ★★

梱包材の
プチプチに
色をぬったら
イクラが
できちゃった！

イクラ ★★

ウニ ★★

のり巻き ★★
マグロ・キュウリ・かんぴょう

23

元気いっぱい！さかなやさん

主な材料
封筒、新聞紙、紙皿、発泡スチロールのトレー、ゴム手袋など
作り方
>> 66-67ページ

きょうはサンマがやすいよ～！

★ ヒラメ

さかなやさん
★ なりきり前かけ

★ カニ

紙皿を半分に折ってはさみと足をつけよう！

前かけをつければ、さかなやさんに変身です。
店先には新鮮な魚がずらりと並んで、おいしそう！

★★
サンマ

★
マグロのさしみ

★
タイ

★★
イカ

ゴム手袋の指が
イカの足に
そっくり！

★★
タコ

かわいい野菜たち
やおやさん

主な材料
新聞紙、色画用紙、ペットボトル、トイレットペーパーの芯など
作り方
≫ 68-69ページ

トマト ★★

新聞紙を丸めて、色画用紙で包んでいこう！

タマネギ ★★

キャベツ ★★

ペットボトルを芯にして色画用紙を巻くだけ！

ジャガイモ ★

ダイコン ★

ニンジン ★

野菜をいっぱい食べて大きくなりましょう！
楽しく遊んで、嫌いな野菜も好きになれるといいですね。

色画用紙を丸めて作ろう！

ネギ

ゴボウ

きょうはネギとトマトがおすすめだよ！

キュウリ

サツマイモ

やおやさん　帽子★★★　エプロン★
なりきりセット
帽子＆エプロン

おいしいフルーツがいっぱい
くだものやさん

主な材料
カラーポリ袋、綿、紙皿、色画用紙、ガムテープの芯、モールなど

作り方
≫ 70-71ページ

★★ リンゴ

★★ ナシ

くだものやさん
なりきりセット
帽子&エプロン
帽子★★
エプロン★

うわあ、おいしそう！

カラーポリ袋で綿を包むと、つやつやのフルーツに！

★ バナナ

★ ミカン

★ サクランボ

大好きなくだものをいろいろ作ってみましょう。
カラフルなものばかりで、楽しいお店が開けそうです。

★
レモン

★★
カキ

スイカ

紙皿に
色をぬって
半分に折るだけ！

★
イチゴ

★
メロン

★★
モモのかんづめ

★★
パイナップルのかんづめ

きょうのおやつ、なあに？
おかしやさん

主な材料
段ボール、色画用紙、お花紙、フェルト、ティッシュなど
作り方
>> 72-73ページ

お花紙やティッシュをたたんでできあがり！

クッキー ★

マシュマロ ★

キャンデー A★ B★★

せんべい ★

クッキーからせんべいまで、なんでもそろっているおかしやさん。
お店やさんごっこには欠かせませんね。

チョコレート ★★

ポテトチップス ★

だ円に切った紙を曲げるだけで、ほら、そっくり！

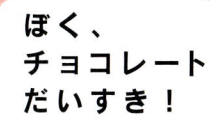

さあ、きょうのおやつはなににしますか？

だんご ★

ぼく、チョコレートだいすき！

おかしやさん
なりきりセット
三角巾＆エプロン ★

大安売りだよ！でんきやさん

主な材料
お菓子の空き箱、段ボール、色画用紙、ペットボトルのふたなど
作り方 》74-76ページ

デジタルカメラ ★★

ビデオカメラ ★★★

ペットボトルのふたがレンズになるよ！

携帯用ゲーム機 ★★

携帯電話　Ⓐ★　Ⓑ★★

ドライヤー ★★

でんきやさんは、夢があって子どもも大好きです。
ちょっぴり大人になったつもりで遊びましょう。

さあさあ、とくばいだよ！

A★★★　B★★
ノートパソコン

段ボールに紙をはってキーボードを描くだけでパソコンに早変わり！

紙芝居みたいにチャンネルが変えられるよ

でんきやさん ★★
なりきりはっぴ

★★
腕時計

★★
テレビ＆リモコン

でんきやさん

でんきやさんは大繁盛

いらっしゃい！やすいよ、やすいよ〜！

ここのおみせはビデオカメラがやすいのよ

テレビかった！100まんえん！

わたしはパソコンよ

でんきやさんごっこをしたあとは、買ったもので、みんなで遊びましょう。

オーケー

もしもし、あそばない？

ゲームにむちゅうさ！

テレビのチャンネル、かえていい？

どのお花が好き？
はなやさん

主な材料
紙コップ、お花紙、ストロー、モール、色画用紙など
作り方
>> **77**ページ

お花紙で
かわいいお花を
作って、
紙コップに
のせてね

どのおはなに
しようかな？

★★
ポットフラワー

ヒマワリが
きれいですよ

はなやさん ★
なりきりセット
ネッカチーフ＆エプロン

はなやさんも、人気の職業です。きれいなお花に囲まれると、
誰でもうれしくなりますね。

★
カーネーション

★
チューリップ

★★
ユリ

★★
ヒマワリ

柄入り紙コップを
切って広げると、
ほら、
できあがり！

★
ガーベラ

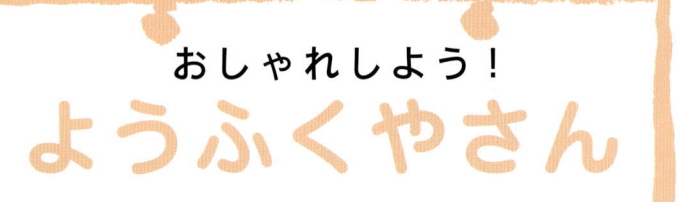

おしゃれしよう！ようふくやさん

主な材料
ビニール袋、レースペーパー、紙袋、アルミホイル、ストローなど
作り方
≫ **78-79**ページ

★ 小さな帽子

どうかしら？
かわいいでしょ？

★ ブレスレット

★ ネックレス

★ 指輪

きれいな
カラーポリ袋を
かわいく
アレンジ！

★ レースのブローチ

★ ブローチ

A　B　C

★ ワンピース

すてきな洋服やアクセサリーを身につけておしゃれして。
みんなで、かっこよく変身しましょう。

ベスト ★

ちょっとおとなに
なったきぶんだな

サングラス ★

紙袋が
すてきなベストに
変身だ！

カバン ★★

ベルト ★

すてきに変身！おしゃれサロン

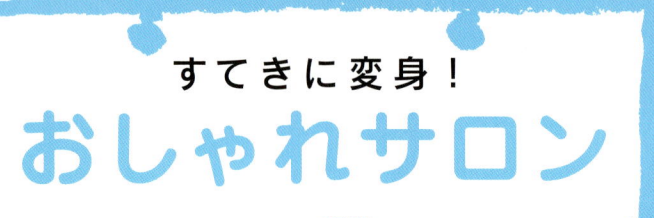

主な材料
お菓子の箱、毛糸、トイレットペーパーの芯、厚紙、シールなど
作り方
≫ 80-82ページ

- はさみ ★
- ヘアピン ★ 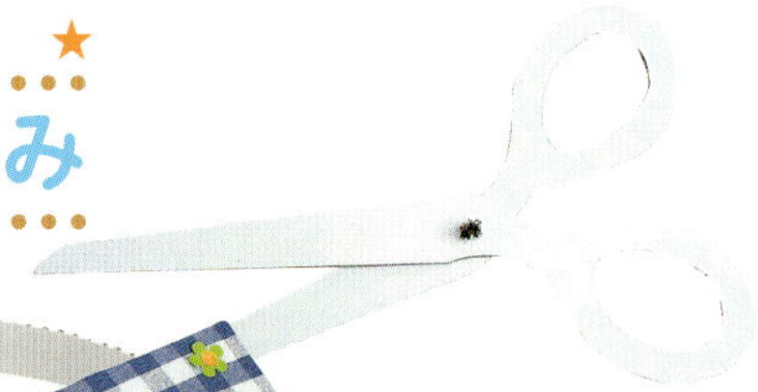
- 美容師バッグ ★
- カーラー ★ 
- エクステンション A★ BC★★

「ヘアカットしまーす」
「おねがいします」
「かわかしますね」
「はーい」

※32ページ掲載のドライヤーを使っています。

おしゃれしたいのは女の子も男の子も同じ。髪を切ったり、お化粧したり。さあ、やってみましょう。

ネイルシール ★

化粧品ケース ★★

化粧台 ★

おしろい ★★★

口紅 ★★

わあ、すてき！

つめにシールをはりますね

にあう？
きんぱつの
かつらだよ

かつら ★

町の人気者 しゃしんやさん

フレームから顔をのぞかせて、お店やさんになりきった格好で写真を撮ってもらいましょう。

写真のフレーム ★★

主な材料
段ボール
作り方
》**82**ページ

- ●お店やさんごっこ
- ●いただきまーす！ 
- ●お花がいっぱい！ 

> おみせやさんごっこは楽しいね！

パシャ

> はい、とりますよ〜

※32ページ掲載のデジタルカメラを使っています。

part 2 「お店やさんごっこ」を盛り上げよう!

- 盛り上げアイテム
- 売り方と展示のポイント
- もっと盛り上がるポイント4か条

hi!

wow!

お店やさんごっこ

盛り上げアイテム

お店やさんの商品を作ったら、
お店で必要なアイテムも用意しましょう。
ごっこ遊びがもっともっと楽しくなりますよ！

主な材料
空き箱、封筒、
折り紙、
ティッシュボックスなど
作り方
》83・84ページ

★★★ **レジスター**

はい、200えんです

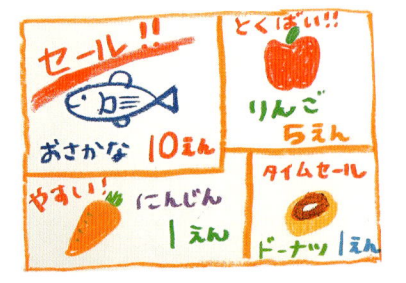

★ **ポスター**

セール!! とくばい!!
おさかな 10えん
りんご 5えん
やすい! にんじん 1えん
タイムセール
ドーナツ 1えん

チラシの写真をはるだけで、本物みたい！

★ **メニュー**

おかねはこのなかにいれるよ

ポイントたまったよ！

★ **三角くじ**

★ **福引き**

ティッシュボックスが大活躍！

★ **ポイントカード**

★ 2つ折り財布

★ 財布

★ お札
★ 硬貨

おかねも
ポイントカード
もはいるよ

★ 小銭入れ

★★ ショルダーバッグ

ふたを
開けると…

おかいもの
たのしいね！

★ 買い物かご

お店やさんごっこ

売り方と展示のポイント

お店で使うアイテムができたら、いよいよお店作りです。品物を上手に並べて、きれいに飾りつけをしましょう。さあ、お店やさんの開店で〜す！

(基本編〜お店やさんアイテムを並べましょう)

飾りつけ1
にぎやかに飾ろう！
細く切った折り紙の輪をつなげたり、色画用紙を切って壁にはったりして、お店を飾りましょう。

ポスター
ひと目でわかるよ！
目玉商品や特売情報を画用紙に描いて、壁にはりましょう。

専用の置き台
目立つところに置こう！
大きな物や特別な物は、専用の台に置くと目立ちます。

レジスター
本物のお店みたい！
お店にあるものも作って、雰囲気を出しましょう。おつりのお金もたくさん用意しておきましょう。

商品
きれいに並べよう！
買ってもらいやすいようにきれいに並べましょう。数がたくさんある場合は、種類ごとにまとめたり、かごや、箱に入れたりしてもいいですね。

飾りつけ2
お店用の台に早変わり！
机を色画用紙で飾って、かわいらしく演出しましょう。お店ごとに特徴を出すともっと楽しいですね。

(応用編～お店やさんの種類、品物に合わせて売り方を工夫しましょう)

商品を並べて売る

野菜、パン、ケーキ、魚、電化製品などは、わかりやすいようにきれいに並べて売りましょう。商品の前に、値段（値札）をつけるとよりわかりやすいです。

その場で盛りつけて売る

ハンバーガーショップやおすしやさんなどは、あらかじめ具をたくさん作って、種類ごとに並べておきます。注文をとって、目の前で作って見せると楽しいですね。

注文を受けて席まで運ぶ

レストラン、ケーキやさんのカフェ、ラーメンやさんなどの飲食店は、作ったものをテーブルまで運びましょう。上手にこぼさないように運べるかな？

お客さんにサービスをする

おしゃれサロンやしゃしんやさんなど、品物を売るのではなく、お客さんになにかサービスをしてあげるのもお店やさんのひとつです。お客さんとのやりとりを楽しんで。

お店やさんごっこ

もっと盛り上がるポイント4か条

お店やさんらしい衣裳を着たり、商店街のお店みたいに福引きのサービスをしたりすると、ますます本物みたいです。もっと盛り上げちゃいましょう！

1 コスチュームで雰囲気アップ！
お店に合ったエプロンや前かけをつければ、すっかり店長さんです。

2 写真も撮っちゃおう！
お店やさんごとの写真のフレームを作って、記念写真を撮りましょう。

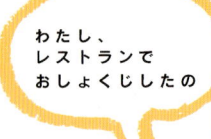

わたし、レストランでおしょくじしたの

いただきま～す！

3 会話を楽しもう
お店ではどんな会話をしますか？ 売る物や買う物によっていろいろな会話で遊びましょう。

いらっしゃいませ！
なににしますか？
ありがとうございます
これください
べつのいろありますか？
いくらですか？

4 楽しい企画を考えよう！
福引きや宝くじは大人だって楽しいものです。品物を買ってくれた人に引いてもらうなど、おまけの楽しみもあるといいですね。福引きの景品も考えておきましょう。

ふくびきやってます
1とうしょうあたりました！
わーいあたった

準備しておきたいこと
- お店やさんごっこの日程が決まったら、早めに各家庭に連絡して準備を始めましょう。
- 牛乳パックやプラスチックケース、空き箱などのリサイクル素材は、ふだんから集めておきましょう。
- 子どもたちを実際に買い物に連れて行って、「お店やさん」を体験させてもいいですね。

part 3 「お店やさんごっこ」アイテムを作ろう！

- よく使う材料と作り方の工夫
- アイテムの作り方
- アイテムの型紙

お店やさんごっこ

よく使う材料と作り方の工夫

高価で、扱いが難しい特別な素材を使うわけではありません。
身近にある文房具や日常のリサイクル素材から、
たくさんのお店やさんのアイテムが生まれてくるのです。

ふだんから集めておきましょう

●材料にはこんなものを使います

紙類（折り紙、色画用紙、模造紙、お花紙、ティッシュ、キッチンペーパー、新聞紙、チラシ、封筒など）
段ボール（段ボール箱、板段ボール、片段ボールなど）
ポリ袋、カラーポリ袋（本書では65cm×80cmサイズを使っています）
ハンカチ、フェルト、リボン、カラーロープ、毛糸、綿、タオルなど
梱包材（エアーパッキン）、スズランテープなど
リサイクル素材（牛乳パック、プラスチックケース、ペットボトル、発泡スチロールのトレーなど）
紙コップ、紙皿、ストロー、空き箱、セロハンテープの芯、ガムテープの芯、トイレットペーパーの芯など

●作品を作るのに必要な道具です

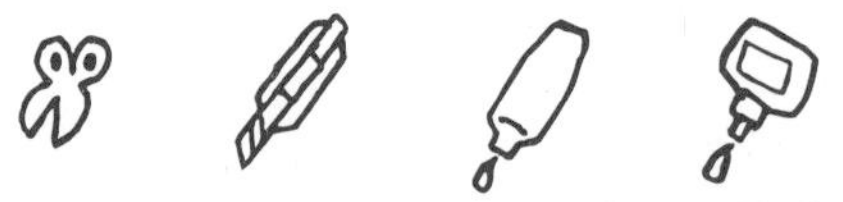

はさみ　カッター　のり　木工用接着剤

セロハンテープ　ガムテープ・布ガムテープ　両面テープ

ほかに、絵の具、クレヨン、フェルトペン、油性ペンなどを使います。

質感を出しましょう

●紙をくしゃくしゃにして
パンや野菜に

●カラーポリ袋に綿を詰めて
果物に

本物っぽさを出しましょう

●色をこすりつけて
こげ目をつける

発泡スチロールトレー　油性ペン

●チラシの写真を切って
メニューを作る

リサイクル素材を生かしましょう

●裏返して使う
封筒や牛乳パックを切り開いてきれいな面を使って。無駄なくエコにもお役立ち！

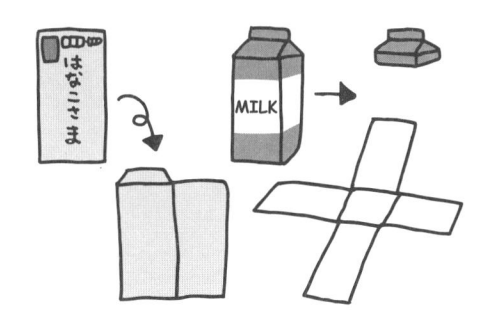

●きれいに洗って使う
弁当のケースや、発泡スチロールのトレー、プリンやゼリーの容器をきれいに洗って作品を入れると本物そっくり！

●丸いものが大活躍
セロハンテープの芯、ガムテープの芯、トイレットペーパーの芯、ペットボトルのふたなども使い道がたくさん！

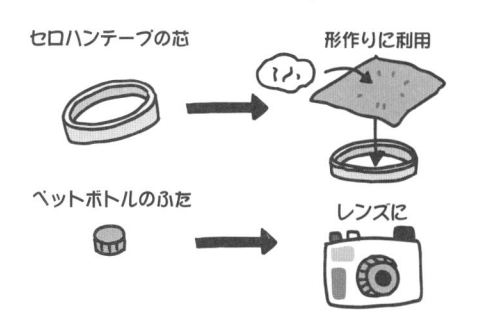

●形やサイズを生かして使う
縦型、横型、深さ、ふたの形などを利用して。形を生かしていろいろ工夫してみましょう。

目からウロコ！の使い方

●簡易シュレッダーでめん作り！

●梱包材（エアーパッキン）で…
油性ペンで表面にオレンジ色をぬったら、イクラに。色が乾く前に紙に押しつけると、エビの模様に。携帯電話やリモコンのボタンにもなるよ！

ケーキやさん

作品 ➡ 6-9ページ
※記載の寸法は目安です。

ショートケーキ ★★

型紙 ➡ 85ページ

<材料>牛乳パック（500ml）1個／ティッシュ 2枚／折り紙（赤）1枚、（ピンク）3cm×15cm、（緑）3cm×3cm

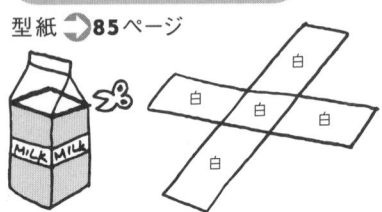

1. 牛乳パックを切り開く。
2. 内側の白い面を表にして、対向する2枚を、図のようにセロハンテープでとめる。
3. ❷で作った三角形に合わせて、上面と底面になる部分を切り取り、セロハンテープでとめる。
4. 飾りつける。
※イチゴは71ページ参照。

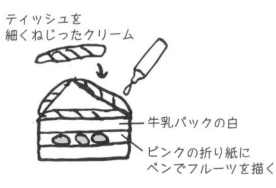

教えて！

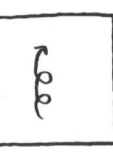

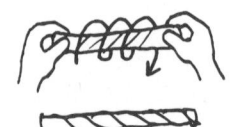

白いクリームの作り方
ティッシュを細長く丸め、ねじりながらうずまき状に形作ります。ところどころのりづけします。

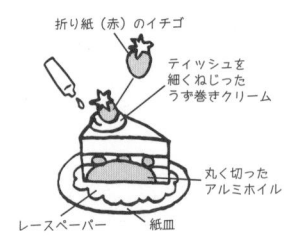

チーズケーキ ★

<材料>牛乳パック（500ml）1個／折り紙（黄）2枚、（茶）1枚

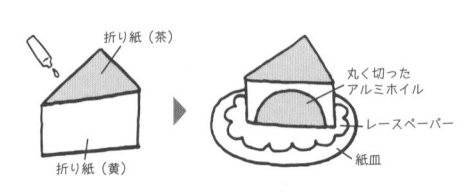

● ❶〜❸まで、ショートケーキと同様に作って、飾りつける。

モンブラン ★

<材料>ケーキカップ 1個／毛糸（薄い茶）適量／ティッシュ 1枚／ガムテープ（茶）4cm

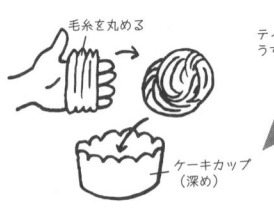

● ケーキカップに、丸く形作った毛糸を入れて、飾りをつける。

チョコレートケーキ ★★

<材料>牛乳パック（500ml）1個／フェルト（濃い茶）10cm×15cm、（薄い茶）8cm×13cm／モール（茶）1本／板段ボール 3cm×3cm／色画用紙（黄緑）1cm×2cm

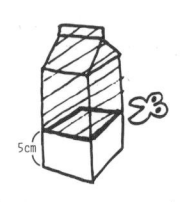

1. 牛乳パックを底から5cmの位置で切り取る。
2. 底を上面にして、フェルトをはりつける。
3. 飾りつける。

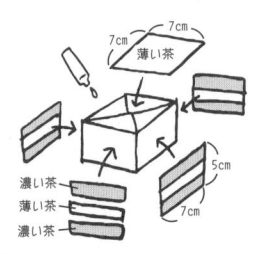

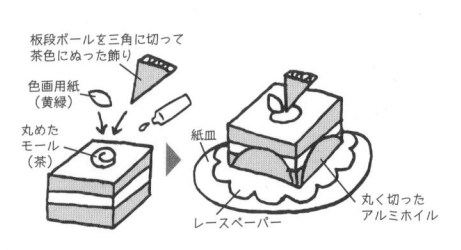

イチゴのケーキ ★★★

<材料>紙皿（直径25cm）1枚／片段ボール（白）10cm×62cm／ティッシュ 14枚／お花紙（赤）16枚／色画用紙（緑）3cm×3cm、（茶）5cm×8cm／折り紙（赤）1枚／リボン（黄・幅12mm）62cm、（赤チェック・幅12mm）100cm

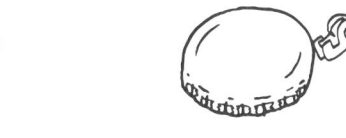

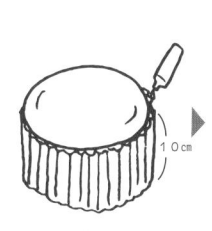

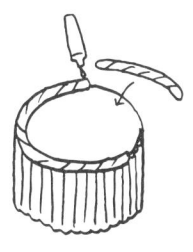

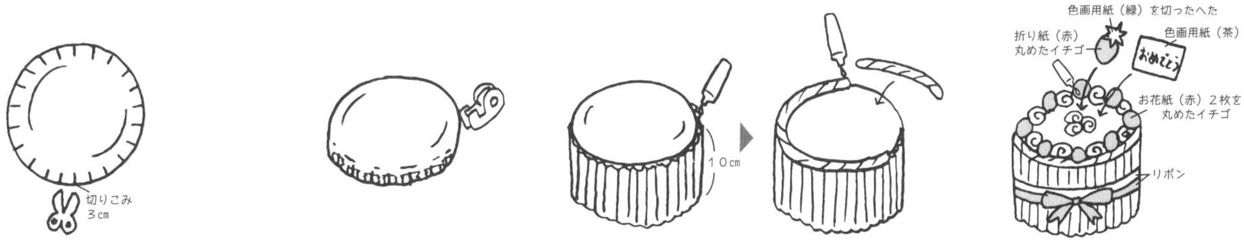

1. 紙皿のふちに3cmの切りこみを入れる。
2. ①の裏面を上にして、切りこみを内側に折ってセロハンテープでとめる。
3. ②に片段ボールをはりつける。ティッシュの生クリーム（52ページ参照）をふちにはりつける。
4. 飾りつける。
   ※イチゴは71ページ参照。

カップケーキ ★

A <材料>ケーキカップ（浅め）1個／ティッシュ 1枚／お花紙（黄）1枚、（赤）2枚
B <材料>ケーキカップ（浅め）1個／色画用紙（薄い茶、ベージュ）各3cm×3cm／ティッシュ 1枚／お花紙（黄）1枚

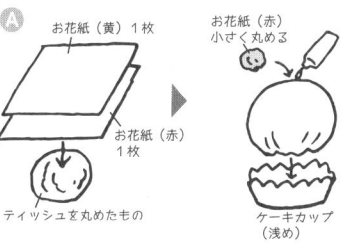

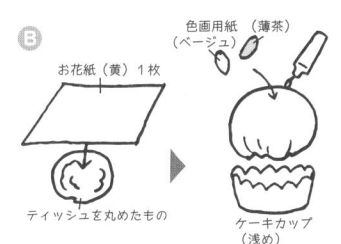

Ⓐ、Ⓑともにティッシュを丸めてお花紙でくるみ、ケーキカップに入れて、飾りつける。

シュークリーム ★★

<材料>ティッシュ 4枚／模造紙 25cm×25cm 2枚

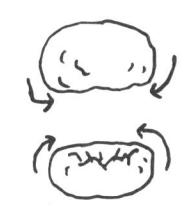

1. 模造紙を1枚ずつ、くしゃくしゃに丸める。
2. 上部にこげ目をつけ、間にティッシュをはさむ。
   ※こげ目は62ページ参照。

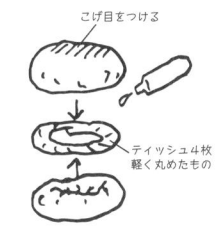

ロールケーキ ★★

<材料>ガムテープの芯 1個／キッチンペーパー 1～2枚／フェルト（茶）4cm×40cm

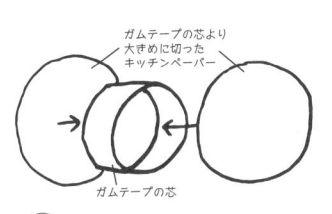

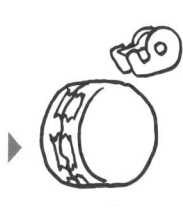

1. ガムテープの芯の両側にキッチンペーパーをはりつける。
2. 側面にフェルトをはり、うず巻き模様を描く。

ミニドーナツ ★

<材料2個分>封筒（長形4号）1枚／トイレットペーパーの芯（つぶす時に使います）

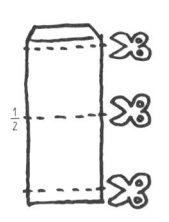

1. 封筒を切って、筒状のものを2枚作る。
2. 上半分に好きな色をぬる。 
3. トイレットペーパーの芯を利用して②をつぶす。

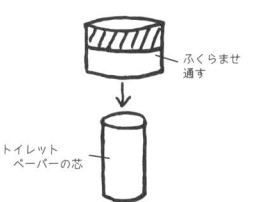

コーヒー ★★

<材料>紙コップ 1個／紙皿（直径15cm）1枚／スズランテープ（茶）適量／色画用紙（白）5cm×5cm

型紙 ➡ 85ページ

1. 紙コップを半分に切る。
2. 紙皿に模様を描く。
3. ①で余った部分で持ち手とカップのふちを作り、木工用接着剤ではる。
4. スズランテープのコーヒーと折り紙のクリームを入れる。

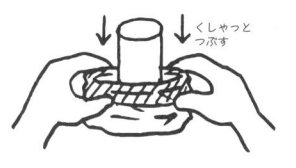

ケーキやさん

作品 → 6-9ページ
※記載の寸法は目安です。

プリンパフェ ★★

型紙 → 85ページ

<材料>ゼリーのプラスチック容器 1個／紙コップ（白）1個／色画用紙（黄）3cm×7cm、（赤）2cm×5cm、（黄緑）4cm×5cm、（ベージュ、薄い茶）各4cm×10cm／折り紙（茶）2枚／お花紙（黄、オレンジ）各2枚／キッチンペーパー 2枚／モール（ピンク）2本、（茶、水色）各1本／ティッシュ 1枚

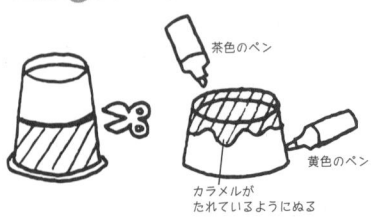

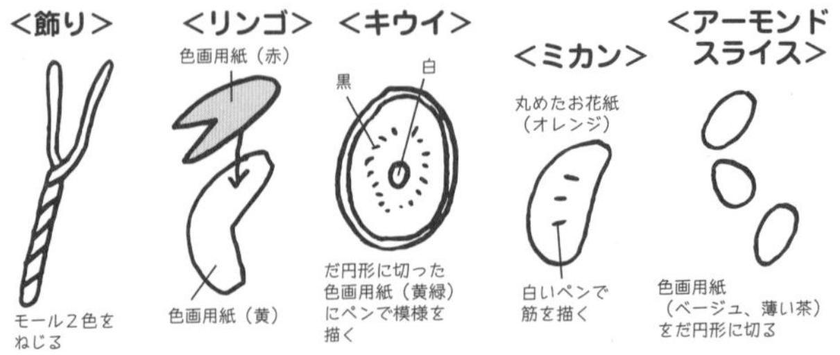

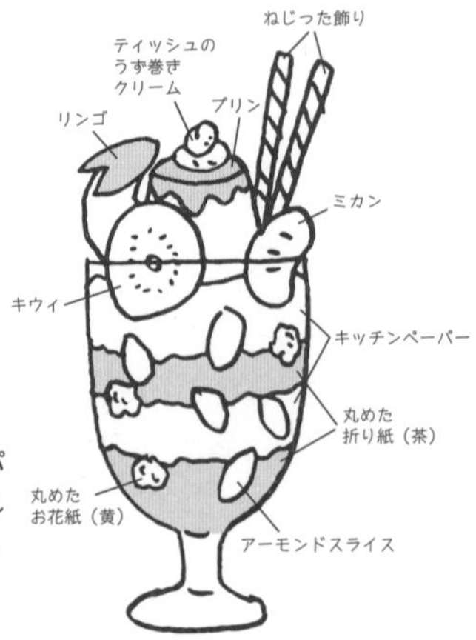

1. 紙コップを半分に切って、色をぬり、プリンを作る。
   - 茶色のペン
   - 黄色のペン
   - カラメルがたれているようにぬる

2. それぞれの飾りを作る。
   - <飾り> モール2色をねじる
   - <リンゴ> 色画用紙（赤）
   - <キウイ> だ円形に切った色画用紙（黄緑）にペンで模様を描く／黒／白
   - <ミカン> 丸めたお花紙（オレンジ）／白いペンで筋を描く
   - <アーモンドスライス> 色画用紙（ベージュ、薄い茶）をだ円形に切る

3. カップにキッチンペーパーと茶色の折り紙を入れて、❷の具を飾りつける。

完成図の各部名称：ねじった飾り、ティッシュのうす巻きクリーム、プリン、リンゴ、ミカン、キッチンペーパー、キウイ、丸めた折り紙（茶）、丸めたお花紙（黄）、アーモンドスライス

折り紙のレースペーパー ★

<材料1個分>折り紙（好きな色）1枚

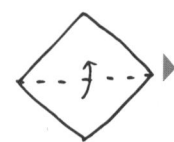

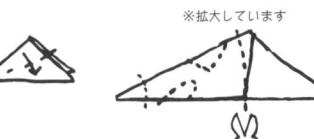

※拡大しています

折り紙を図のように折って、自由に切りこみを入れる。広げたら、できあがり。

✂ 教えて！

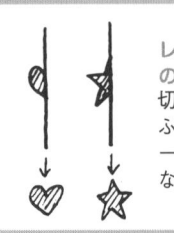

レースペーパーの柄
切り口をこんなふうに切ると、ハートや星の形になります。

ケーキやさんなりきりセット カチューシャ＆エプロン ★★

カチューシャ <材料>レースペーパー（直径15cm）1枚／リボン（黄・1.5cm幅）100cm

エプロン <材料>ハンカチ（ピンクの柄・40cm×40cm）2枚／リボン（胸部分…黄・1.5cm幅）80cm、（腰部分…黄・1.5cm幅）150cm／丸シール（赤・直径1cm）2枚／布ガムテープ（ピンク）適量

カチューシャ

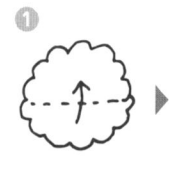

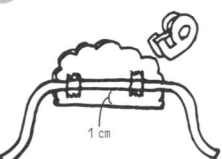

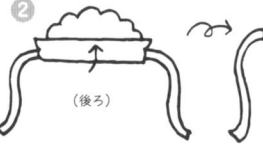

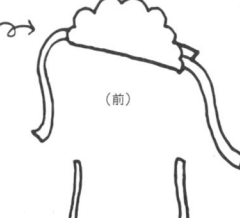

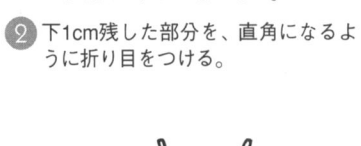

1. レースペーパーを半分に折り、下端から1cmにリボンをつける。
2. 下1cm残した部分を、直角になるように折り目をつける。

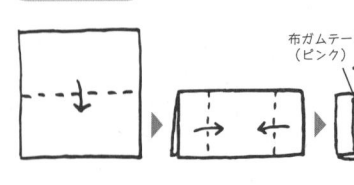

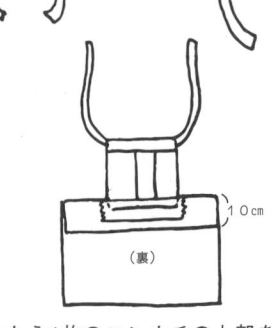

（後ろ）（前）

エプロン

1. ハンカチを図のように折ってガムテープでとめ、胸元のリボンを布ガムテープではさむようにつける。
   - 布ガムテープ（ピンク）
   - 胸元の布ガムテープは表裏半分ずつ出す

2. もう1枚のハンカチの上部を10cm折って、❶をはりつける。（裏）

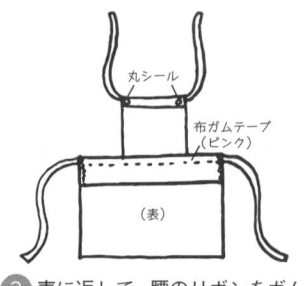

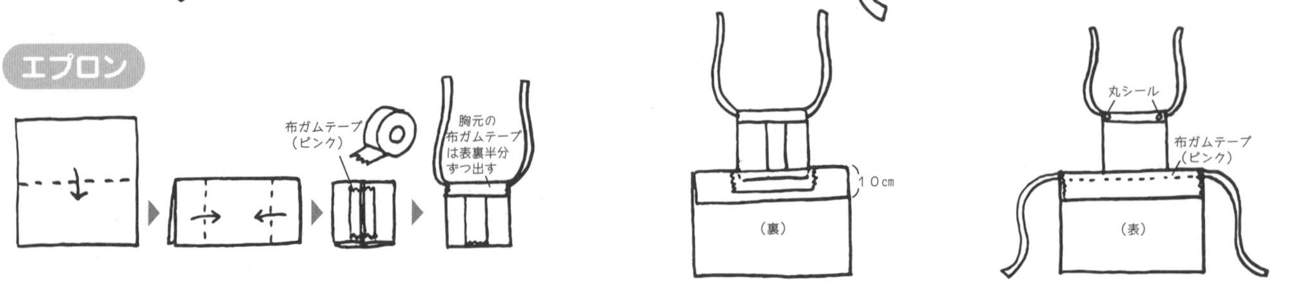

3. 表に返して、腰のリボンをガムテープでとめる。（表）
   - 丸シール
   - 布ガムテープ（ピンク）

パンやさん

作品 ➡ 10-11ページ
※記載の寸法は目安です。

サンドイッチ ★★

<材料>スポンジ（厚さ1cm）10cm×24cm／色画用紙（黄緑）12cm×12cm／折り紙（ピンク、黄）各1枚

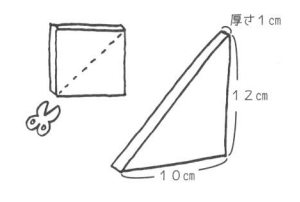

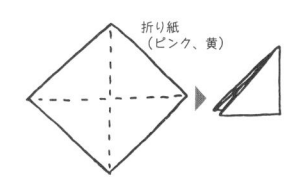

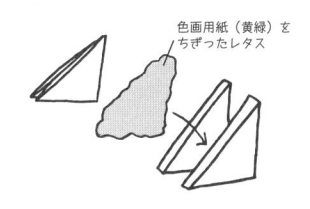

① スポンジを三角形に4枚切る。

② 折り紙を折ったり色画用紙をちぎったりして具を作る。

③ ①のスポンジに②の具をはさむ。

メロンパン ★

<材料>色画用紙（クリーム）30cm×30cm／ティッシュ 3枚

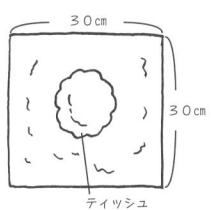

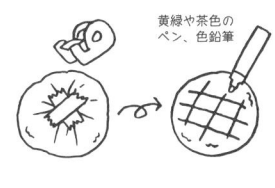

① 色画用紙を丸めてしわを作り、丸めたティッシュを包む。

② 丸く整えたら模様を描く。

カメさんパン ★★

<材料>紙袋（茶・小）／模造紙 30cm×30cm／折り紙（紫）1枚／ティッシュ 3枚

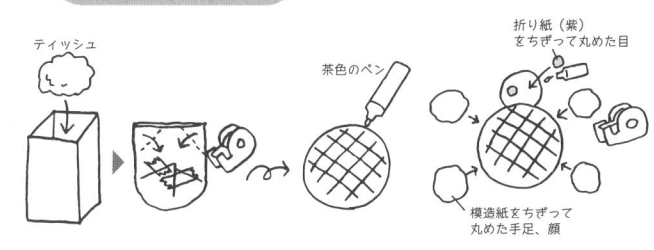

① 紙袋にティッシュを詰める。丸く整えたら模様を描く。

② 模造紙を丸めて頭、手、足を作り、おなか側にはる。目をつける。

パンダパン ★★

<材料>模造紙 30cm×20cm／折り紙（紫）1枚／ティッシュ 3枚

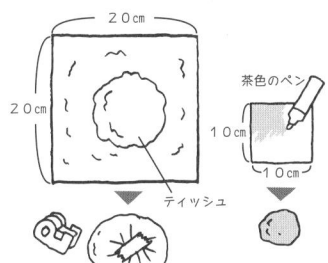

① 模造紙を丸めてしわを作り、丸めたティッシュを包んでとめる。耳は模造紙を茶色くぬって丸める。

② 耳を裏側からはり、顔を作る。

フランスパン ★

<材料>使用済み茶封筒（A4）1枚／新聞紙 1枚

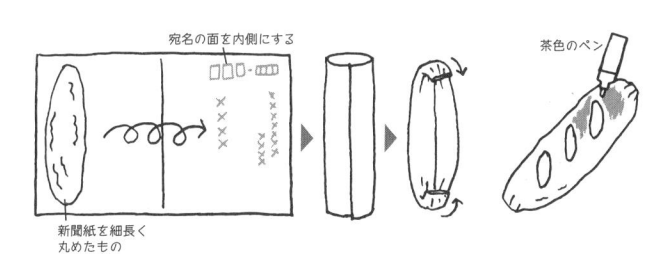

① 使用済み封筒を切り広げ、細長く丸めた新聞紙を置いて巻く。両端はねじって折り曲げる。

② 模様を描く。

パンやさん

作品 ➡ 10-11ページ
※記載の寸法は目安です。

焼きそばパン ★★

<材料>茶封筒（長形4号）1枚／ティッシュ 3枚／折り紙（赤）3cm×3cm、（緑）2cm×2cm／毛糸（茶）適量

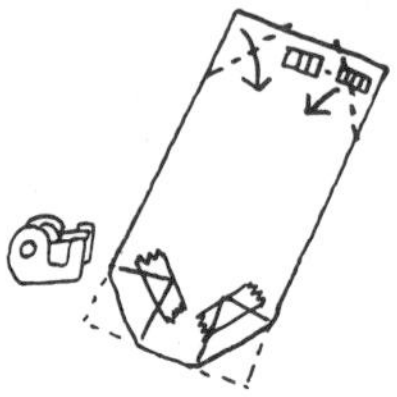

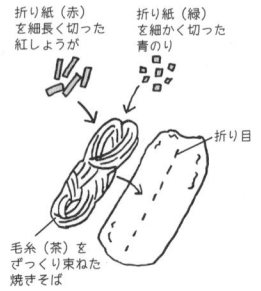

1. 茶封筒にティッシュを入れて、のりではる。
2. 表面の四隅を折ってセロハンテープではる。
3. ❷を2つに折って折り目をつけ、毛糸、色画用紙で作った具をのせる。

トレー ★★

<材料>ティッシュボックス1個／折り紙（好きな色や模様）適量／柄入りテープ 適量

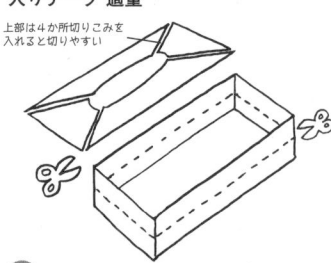

1. ティッシュボックスを半分くらいの深さに切る。
2. 底に折り紙をしき、側面に好きな模様の柄入りテープをはって飾る。

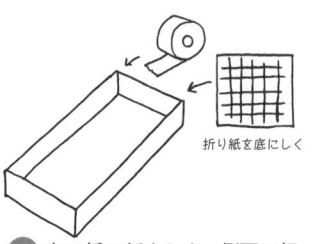

ホットドッグ ★★

<材料>茶封筒（長形4号）1枚／ティッシュ 3枚／折り紙（オレンジ）1枚／色画用紙（黄緑）6cm×15cm／毛糸（赤、黄）各15cm

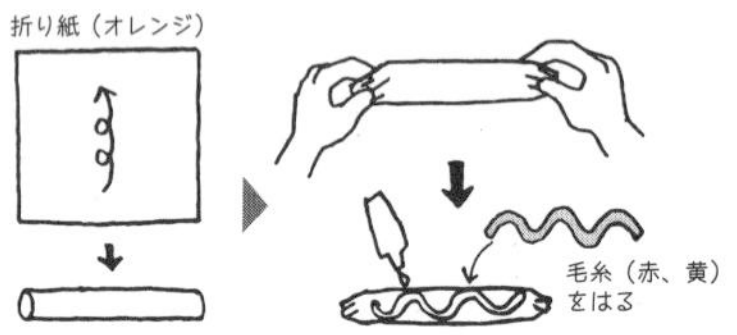

1. 焼きそばパンの❶〜❷と同様に作る。
2. 折り紙を丸めて両端をねじって、ウインナーを、色画用紙をちぎってレタスを作る。
3. ❶を2つに折って折り目をつけ、封筒のパンに❷をはさむ。

パンやさんなりきりセット 帽子＆エプロン

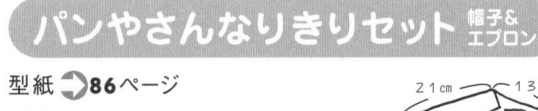

型紙 ➡ 86ページ

帽子 <材料>紙袋（白）1枚
エプロン <材料>カラーポリ袋（白）／カラーロープ（水色）200cm／画用紙（白）7cm×13cm

帽子 ★★

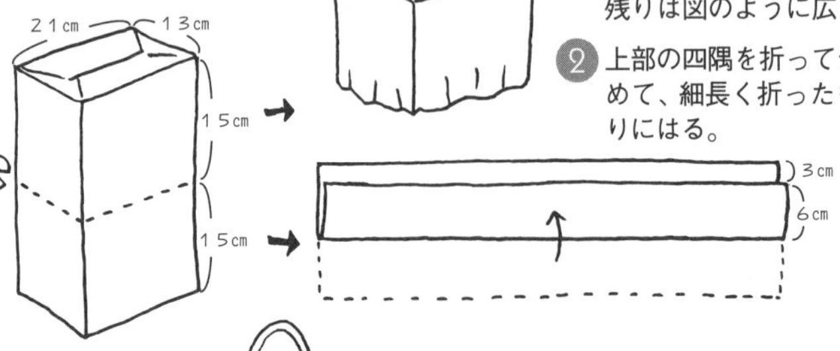

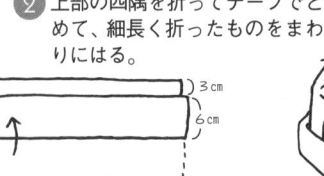

1. 紙袋を深さ15cmくらいに切り、残りは図のように広げて折る。
2. 上部の四隅を折ってテープでとめて、細長く折ったものをまわりにはる。

エプロン ★

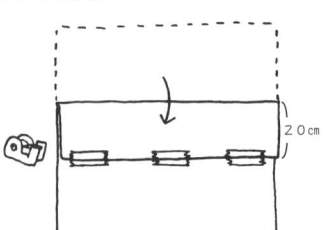

1. カラーポリ袋を折って、セロハンテープでとめる。
2. 図のように両端を折ってセロハンテープでとめ、カラーロープを通す。 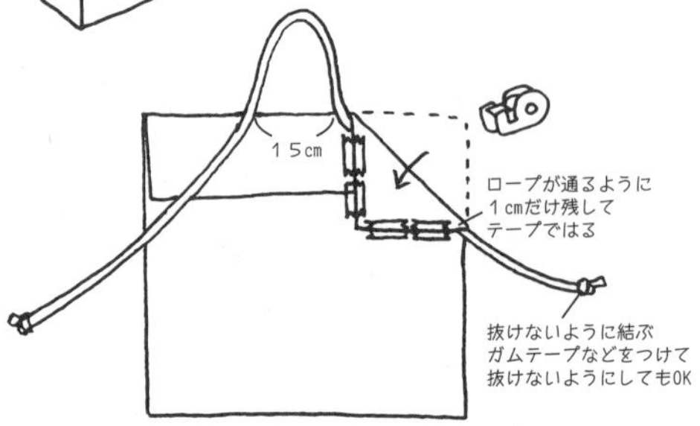
3. 画用紙でパンのマークを作ってはる。

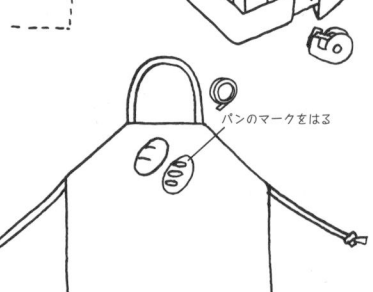

レストラン

作品 ➡ 12-15ページ
※記載の寸法は目安です。

★★ ピザ

<材料>紙皿（ふちあり・直径23cm）1枚／模造紙 28cm×28cm／お花紙（黄・16cm×16cm）2枚／スズランテープ（オレンジ）12cm／色画用紙（赤）10cm×12cm、（緑）3cm×9cm、（黄）8cm×10cm

型紙 ➡ 85ページ

① 紙皿を表側から模造紙で包んでとめる。

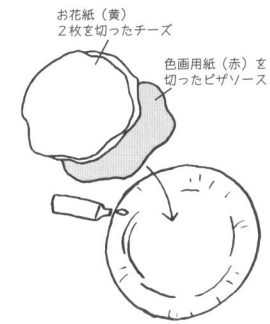

② ①に色画用紙で作ったピザソース、お花紙で作ったチーズを重ねてはる。

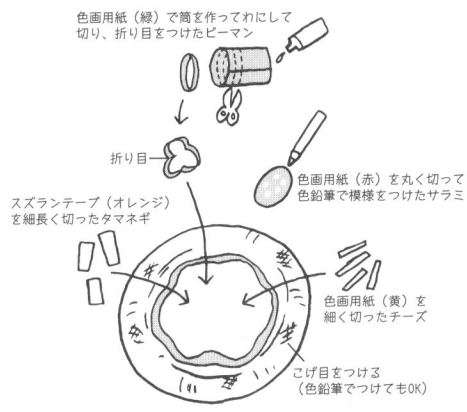

③ 紙皿のふちにこげ目をつける。色画用紙やスズランテープを切ってそれぞれ具を作り、①の上にのせる。

※こげ目は62ページ参照。

★★ ホットケーキ

<材料2枚分>お花紙（黄）4枚／紙皿（直径13cm）4枚、（直径20cm）1枚
[バター] お花紙（黄）1枚、（白）2枚

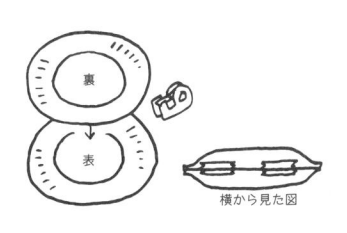

※バターは72ページのマシュマロと同様に作る。

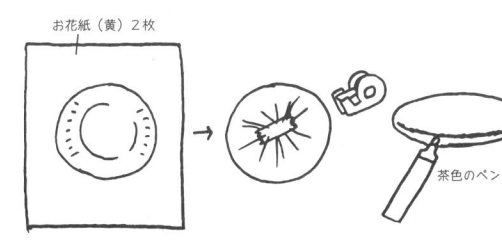

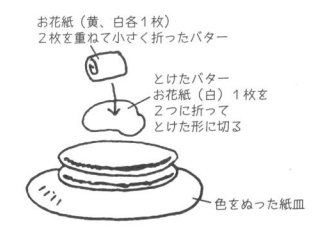

① 2枚の紙皿（直径13cm）を、表側を内側にしてはり合わせる。

② 重ねたお花紙で①を包んでとめ、ふちにペンで色をつける。

③ ②を2個作って重ね、お花紙で作ったバターをのせる。

★ スパゲッティ・ミートソース

<材料>毛糸（白）適量／折り紙（赤）1枚／紙皿（直径20cm）1枚

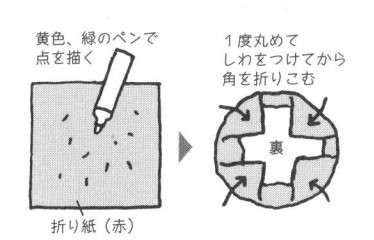

① 折り紙に模様をつけ、丸く形作り、ミートソースを作る。

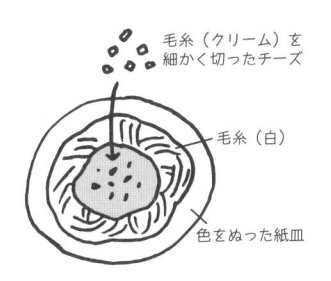

② 紙皿に毛糸をのせ、その上に①と細かく切った毛糸をのせる。

57

レストラン

作品 ➡ 12-15ページ
※記載の寸法は目安です。

ハンバーグ ★★

<材料>板段ボール8cm×11cm／ティッシュ 3枚／折り紙（緑）2枚、（茶、黄緑）各1枚／色画用紙（オレンジ）5cm×15cm、（緑）5cm×20cm／紙皿 1枚

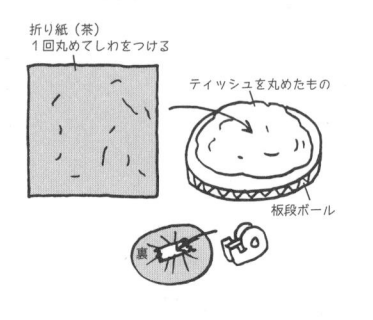

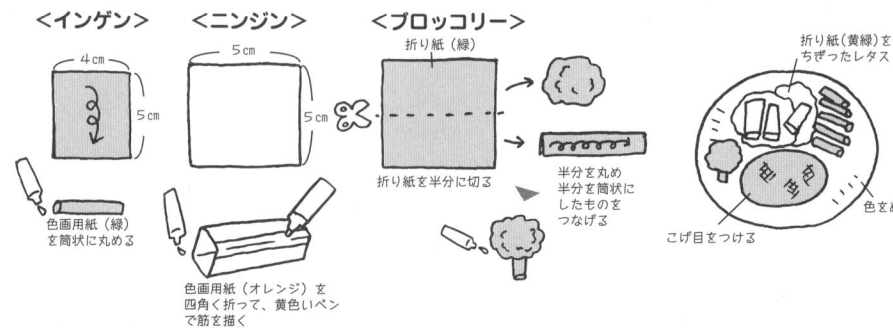

① 板段ボールをだ円形に切って、ティッシュをのせ、折り紙で包んでハンバーグを作る。

② 色画用紙でインゲンとニンジンを、折り紙でブロッコリーを作る。

③ 紙皿に盛りつける。
※こげ目は62ページ参照。

カレーライス ★

<材料>キッチンペーパー 1枚／ティッシュ 5枚／色画用紙（黄土色）11cm×16cm、（赤）適量／紙皿 1枚

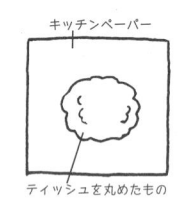

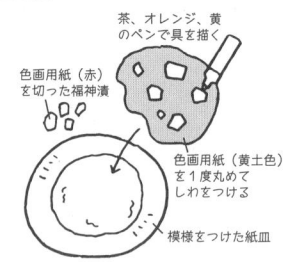

① ティッシュを丸めてキッチンペーパーで包み、ごはんを作る。

② 色画用紙を切ってカレーを作り、①の上にのせる。

スパゲッティ・ナポリタン ★

<材料>毛糸（オレンジ）適量／色画用紙（緑）2cm×9cm、（ピンク）4cm×5cm、（薄い茶）6cm×6cm／紙皿 1枚

型紙 ➡ 85ページ

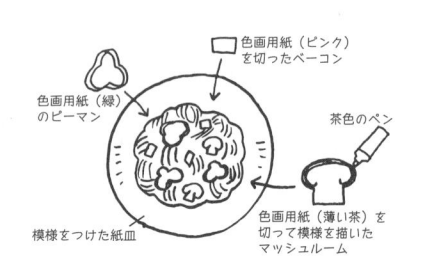

① 色画用紙や折り紙を切って、ピーマン、ベーコン、マッシュルームなどを作る。
※ピーマンは57ページ参照。

② 紙皿に毛糸をのせ、その上に①の具を飾る。

オムライス ★★

<材料>お花紙（黄）2枚／ティッシュ 5枚／折り紙（緑、赤）各1枚／色画用紙（黄緑）8cm×16cm／毛糸（オレンジ）適量／紙皿 1枚

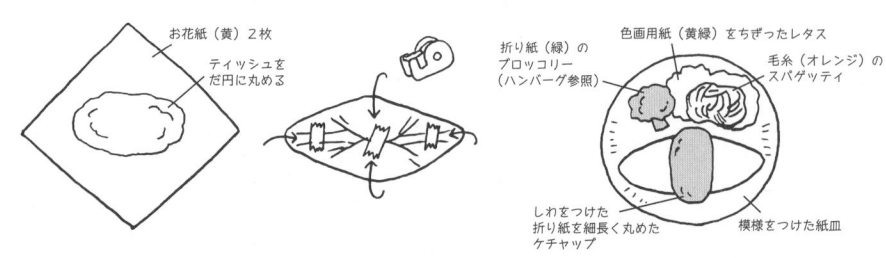

① ティッシュを丸めてお花紙で包み、オムライスの形を作る。

② 赤い折り紙でケチャップを、毛糸、折り紙、色画用紙でつけ合わせを作り①と共に紙皿にのせる。

58

レモンジュース ★

<材料>スズランテープ（黄）適量／透明プラカップ1個／ストロー1本

- 透明プラカップに軽く丸めたスズランテープを入れ、それぞれの飾りをつけてストローを入れる。

メロンソーダ ★

<材料>スズランテープ（黄緑）適量／お花紙（白）3枚、（赤）1枚／モール（緑）4cm／透明プラカップ1個／ストロー1本

オレンジジュース ★

<材料>スズランテープ（オレンジ）適量／透明プラカップ1個／ストロー1本／色画用紙（オレンジ）8cm×8cm

コックさんなりきりセット　帽子・ネッカチーフ、エプロン＆ひげ

帽子・エプロン <材料>紙袋（白・大きめ）／カラーポリ袋（白）1枚／カラーロープ（白）2m／わゴム2本
ネッカチーフ <材料>カラーポリ袋（赤）1枚
ひげ <材料>フェルト（黒）4cm×15cm／ゴム（白）80cm

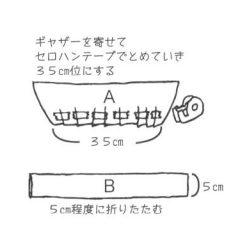

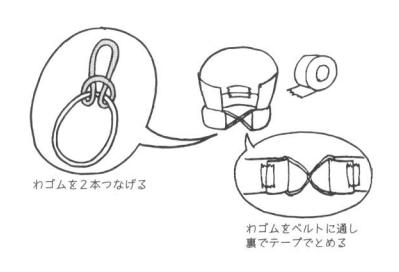

帽子 ★★

1. カラーポリ袋を図の寸法で切る。
2. A、Bのパーツを作る。
3. A、Bをガムテープで合体させる。Bの端同士に、つないだわゴムをガムテープで取りつける。
4. 上部をセロハンテープでとめて、丸く整える。

エプロン ★

Cを縦長に置き、図のようにカラーロープを取りつける。上部を折って腰に巻き、ロープを結ぶ。

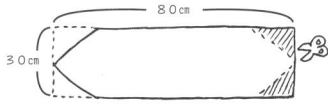

ネッカチーフ ★

1. 図のようにカラーポリ袋を切る。
2. チーフどめを作って、❶に巻いてとめる。

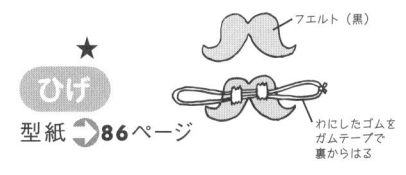

ひげ ★

型紙 **86**ページ

- フェルトを型紙通りに切って、耳にかけるためのゴムを取りつける。

おべんとうやさん

作品 ➡ 16-17ページ
※記載の寸法は目安です。

シューマイ弁当 ★★

<材料>キッチンペーパー 3枚／モール（赤）1本／色画用紙（オレンジ）4cm×5cm、（黄）4cm×8cm、（緑）4cm×10cm、（薄い茶、黄緑）各10cm×10cm／弁当の空き容器1個［シューマイ1個分］ペットボトルのふた 2個／模造紙 5cm×5cm／コピー用紙 8cm×8cm／モール（黄緑）7cm

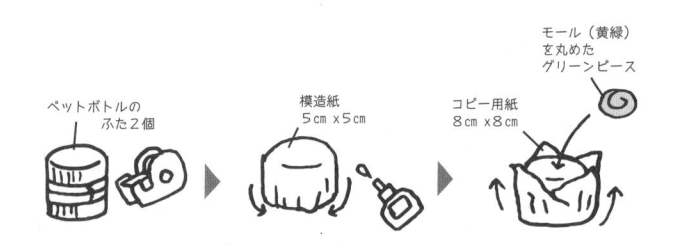

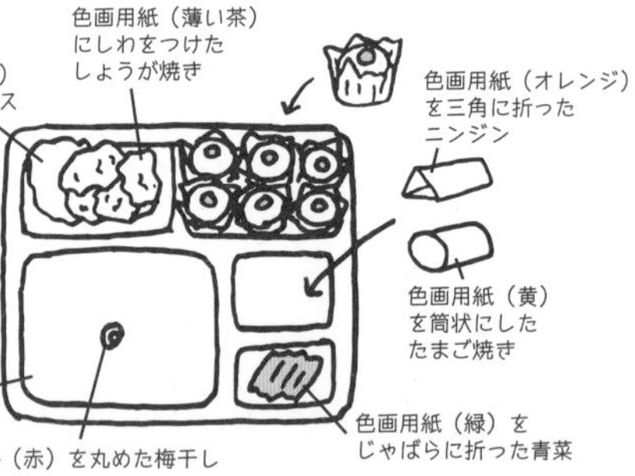

1. ペットボトルのふたを2個つなげ、模造紙で包んで、さらにコピー用紙で下から包み、シューマイを作る。
2. 色画用紙でそれぞれの具を作り、キッチンペーパーのごはんとともに空き容器に盛りつける。

唐揚げ弁当 ★★

<材料>お花紙（オレンジ）8枚／色画用紙（黄緑）10cm×20cm、（黄、緑）3cm×6cm、（黒、薄い茶、オレンジ）各4cm×8cm（黒）7cm×12cm／キッチンペーパー 3枚／弁当の空き容器1個／アルミカップ1個

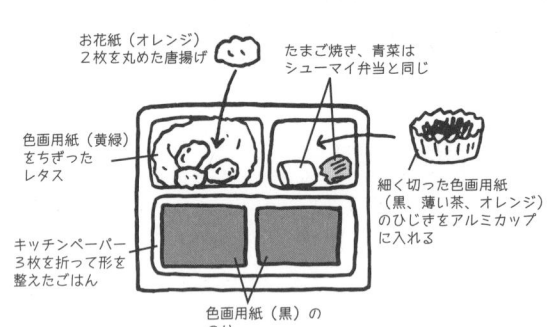

● お花紙や色画用紙でそれぞれの具を作り、キッチンペーパーのごはんとともに空き容器に盛りつける。

エビフライ弁当 ★★

<材料>茶封筒（長形4号）2枚／ティッシュ 3枚／色画用紙（薄い茶、黄土色、オレンジ）適量、（緑）4cm×10cm、（オレンジ、薄い茶、黄）各5cm×5cm／キッチンペーパー 3枚／折り紙（黄緑）2枚、（ピンク）1枚／毛糸（オレンジ）適量／弁当の空き容器1個

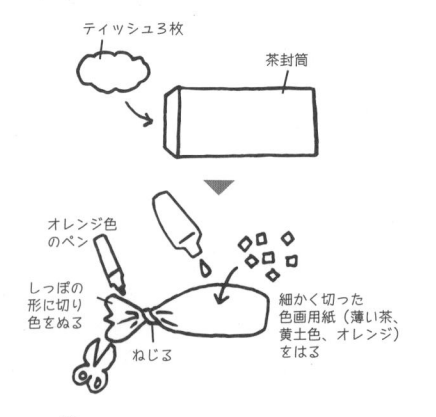

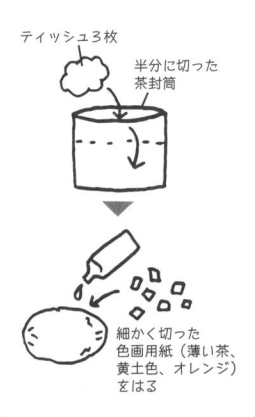

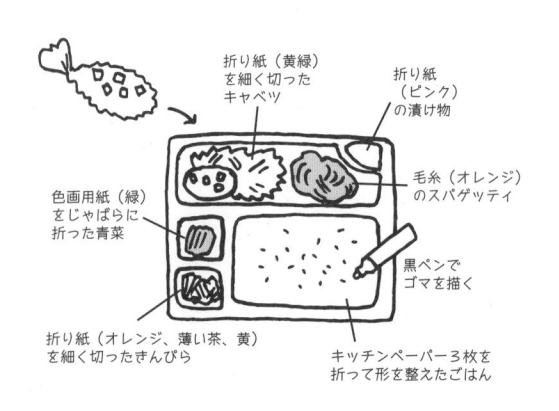

1. 茶封筒でエビフライを作る。
2. 茶封筒でコロッケを作る。
3. 折り紙や色画用紙でそれぞれの具を作り、キッチンペーパーのごはんとともに空き容器に盛りつける。

ハンバーグ弁当 ★★

<材料>キッチンペーパー 3枚／お花紙（オレンジ）2枚／丸シール（黄、緑・直径9mm、赤・直径5mm）適量／ティッシュ 3枚／折り紙（クリーム、茶、黄緑）各1枚／色画用紙（黄）3cm×3cm、（白）7cm×8cm、（オレンジ）4cm×5cm／アルミカップ 1枚／板段ボール 7cm×10cm／弁当の空き容器 1個

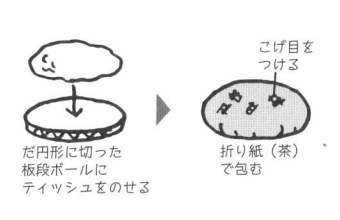

1. ティッシュをのせた板段ボールを折り紙で包み、ハンバーグを作る。
   ※こげ目は62ページ参照。

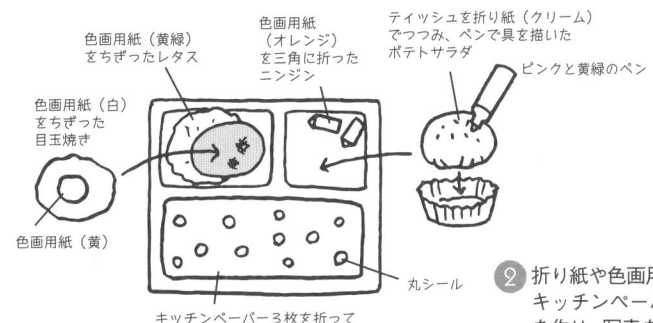

2. 折り紙や色画用紙でそれぞれの具を、キッチンペーパーとお花紙でごはんを作り、写真を参考にしながら、空き容器に盛りつける。

おにぎり ★

<材料1個分>キッチンペーパー 1枚／ティッシュ 適量（ひと握り分）／色画用紙（黒）4.5cm×11cm、（緑）4cm×6cm、（黄）10cm×10cm／ざる 1個

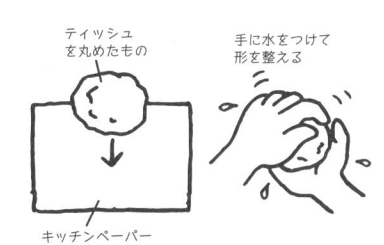

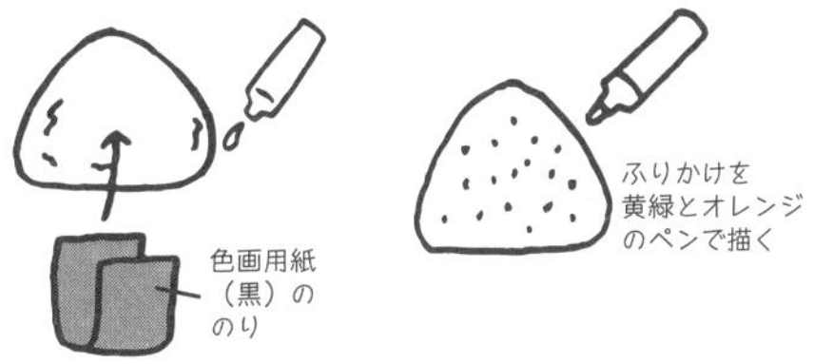

1. キッチンペーパーでティッシュをくるみ、水をつけた手で握る。
2. ❶が乾いたら色画用紙（黒）をはる。ペンでふりかけを描いてもよい。
3. 漬け物（黄）とバラン（緑）を作って、ざるに盛りつける。 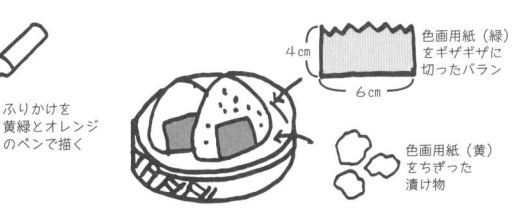

いなりずし ★

<材料2個分>筋入り茶封筒（長形4号）1枚／ティッシュ 6枚／色画用紙（薄いピンク）10cm×10cm、（緑）4cm×6cm／弁当の空き容器 1個

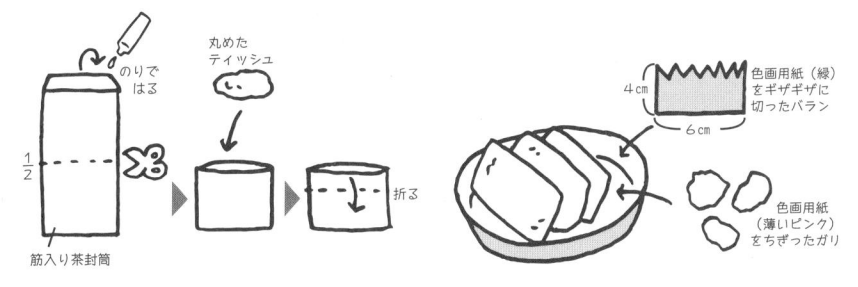

1. 筋入り茶封筒を半分に切って、それぞれティッシュを詰めて折る。
2. ガリ（薄いピンク）とバラン（緑）を作って、弁当の空き容器に盛りつける。

おべんとうやさんなりきりエプロン ★

<材料>カラーポリ袋（赤）1枚／カラーロープ（赤）2m／画用紙（白）7cm×7cm

型紙 ➡ 86ページ

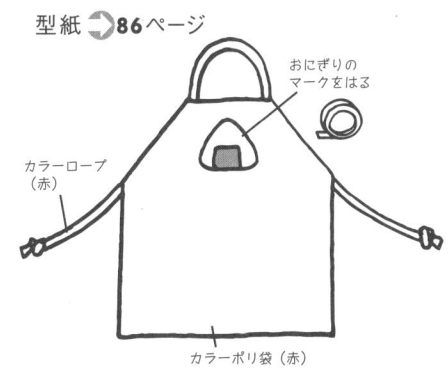

● 56ページのパンやさんのエプロンと同様に作り、おにぎりのマークをはる。

ラーメンやさん

作品 → 18-19ページ
※記載の寸法は目安です。

ラーメン ★
型紙 → 85ページ

<材料>色画用紙（黄）20cm×26cm、（白）4cm×6cm、（薄い茶）7cm×7cm、（緑）4cm×10cm、（黄緑）5cm×5cm／発泡スチロールどんぶり1個

- 赤いペンで模様を描く
- 茶色のペンで内側をぬる
- 色画用紙（緑）を折ったホウレンソウ
- 色画用紙（薄い茶）の肉色鉛筆で筋を描く
- 色画用紙（白）のなると
- 色画用紙（黄緑）で細い筒を作って切り口にする
- 色画用紙（黄）をシュレッダーで切っためん

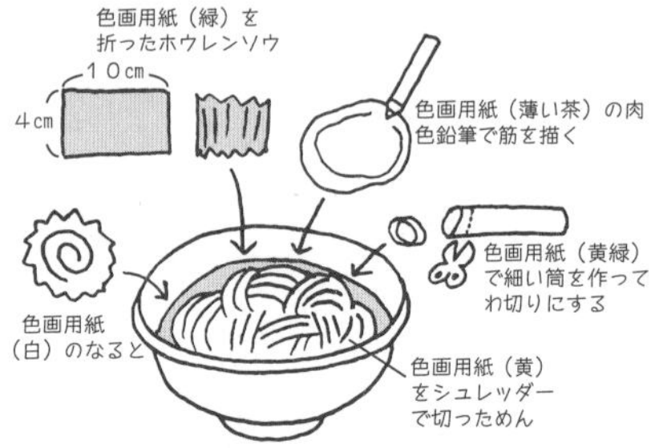

1. どんぶりに色をぬって、模様を描く。
2. 色画用紙をシュレッダーにかけてめんを作る。めんをどんぶりに入れ、作った具をのせる。

ラーメンやさん なりきりセット タオル&前かけ ★

<材料>フェイスタオル1枚／カラーポリ袋（白）1/2枚／カラーロープ（水色）200cm

- フェイスタオル（白）を頭に巻いて後ろでだんご結び

● フェイスタオルを頭に巻いて、59ページのコックさんエプロンと同様に作った前かけをつける。

ギョーザ ★★

<材料1個分>ティッシュ1枚／色画用紙（白）10cm×10cm／紙皿（直径20cm）1枚

- 色画用紙（白）
- ティッシュ1枚丸めたもの
- 10cm
- 模様をつけた紙皿

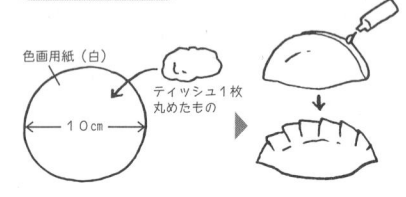

1. 色画用紙を丸く切ってティッシュを包み、のりをつけながらギャザーを寄せる。
2. こげ目をつけて、紙皿にのせる。

✂ 教えて！
こげ目のつけ方
発泡スチロールのトレーをひっくり返した底面に茶色の油性ペンをぬって、乾かないうちにギョーザの底面をこすると、上手にこげ目がついたように作れます。

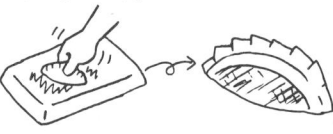

油性ペンでぬる時はトレー全体を利用して。1か所だけ集中してぬると、トレーが溶ける場合があるのでご注意ください。

チャーハン ★

<材料>新聞紙1枚／模造紙15cm×15cm／紙皿（直径20cm）1枚／紙コップ1個

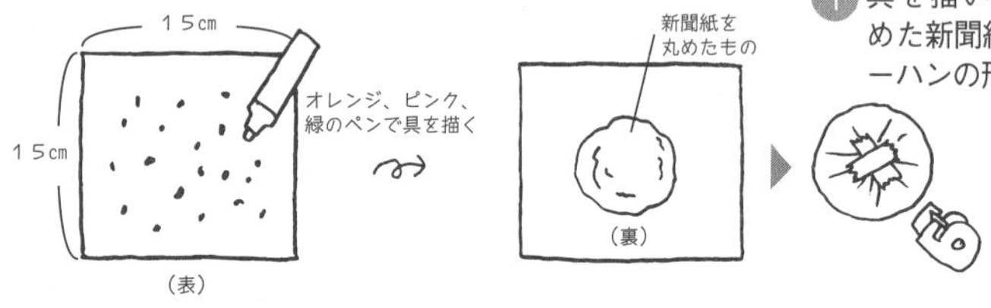

- 15cm×15cm
- オレンジ、ピンク、緑のペンで具を描く
- （表）
- 新聞紙を丸めたもの
- （裏）

1. 具を描いた模造紙で丸めた新聞紙を包み、チャーハンの形を作る。

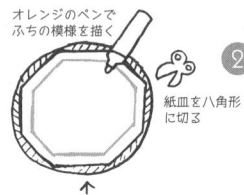

- オレンジのペンでふちの模様を描く
- 紙皿を八角形に切る
- 1.5cm

2. 紙皿を八角形に切り、紙コップを切った足を紙皿の底にはりつける。①をのせる。

- チャーハン

ざるそば ★

<材料>新聞紙1/2枚／色画用紙（黒）4cm×5cm、（黄緑）3cm×5cm／スズランテープ（茶）適量／空き箱1個／プラスチックの空き容器1個

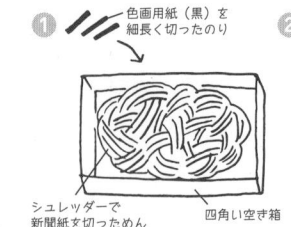

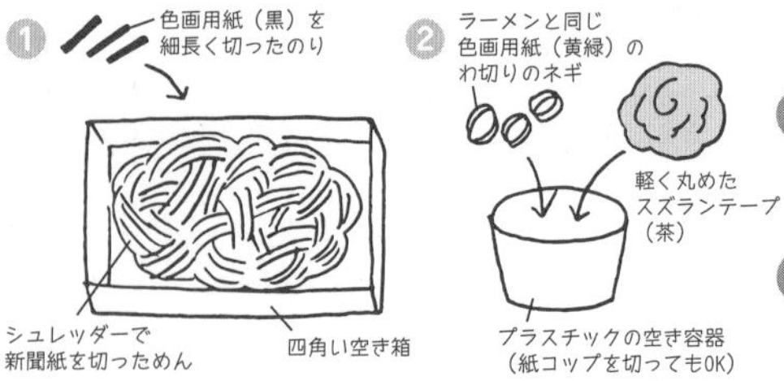

1. 色画用紙（黒）を細長く切ったのり
   - シュレッダーで新聞紙を切っためん
   - 四角い空き箱
2. ラーメンと同じ色画用紙（黄緑）のわ切りのネギ
   - 軽く丸めたスズランテープ（茶）
   - プラスチックの空き容器（紙コップを切ってもOK）

1. 新聞紙をシュレッダーにかけてめんを作る。
2. スズランテープを空き容器に入れ、めんつゆを作る。

きつねうどん ★

<材料>紙テープ（白）適量／色画用紙（黄緑）3cm×5cm／フェルト（黄土色）8cm×8cm／発泡スチロールどんぶり1個

- 色画用紙（黄緑）をわ切りにしたネギ
- 8cm×8cm
- 紙テープ（白）
- フェルト（黄土色）の油揚げ

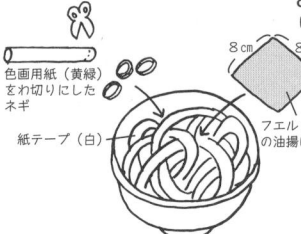

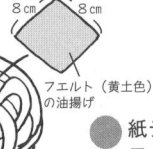

● 紙テープを器に入れて、フェルトや色画用紙で作った具をのせる。

ハンバーガーショップ

作品 ➡ 20-21ページ
型紙 ➡ 86ページ
※記載の寸法は目安です。

ハンバーガー ★★
バンズ・ハンバーグ・トマト・チーズ・レタス

<材料>ティッシュ 2枚／折り紙（薄いオレンジ）2枚、（茶）1枚、色画用紙（赤、黄）各7cm×7cm、（黄緑）10cm×10cm／お花紙（白）1枚／画用紙（白）10cm×15cm／セロハンテープの芯（バンズの形を作るときに使います）

バンズ
- ティッシュ1枚を丸めたもの
- 折り紙（薄いオレンジ）
- セロハンテープの芯
- ×2個

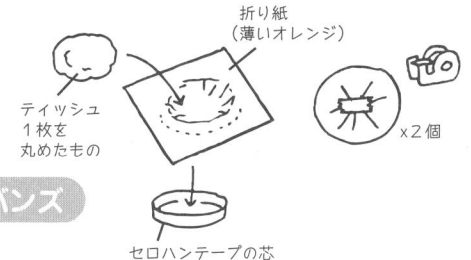

① 折り紙をセロハンテープの芯にはめこんで、丸く形を作り、へこませたところにティッシュをのせて包み、セロハンテープでとめる。これを2個作る。

ハンバーグ
バンズと同じように折り紙（茶）で作る

② 具を作る。

トマト
色画用紙（赤）を丸く切って色鉛筆で模様を描く

チーズ
7cm×7cm 色画用紙（黄）を四角く切る

レタス
色画用紙（黄緑）をちぎる

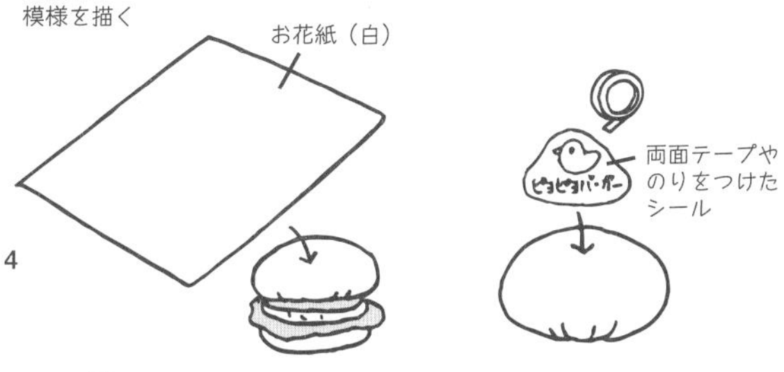

- お花紙（白）
- 両面テープやのりをつけたシール

③ ❶に❷の具をはさんでお花紙で包み、シールをはる。

フライドポテト ★
<材料2個分>封筒（白・長形4号）1枚／折り紙（黄）4枚／画用紙（白）20cm×15cm

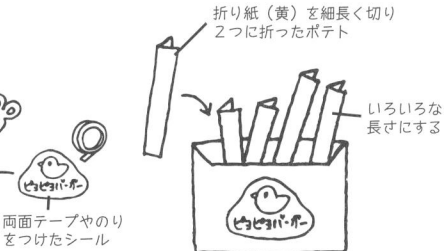

- 封筒（白） 1/2
- 折り紙（黄）を細長く切り二つに折ったポテト
- いろいろな長さにする
- 両面テープやのりをつけたシール

① 封筒を半分に切り、図の部分を切り取って、シールをはる。
② 折り紙でポテトを作り、封筒に入れる。

イチゴシェイク ★
<材料>お花紙（ピンク）3枚、（白）2枚／透明プラカップ／ストロー1本

- ストロー
- お花紙（白）
- お花紙（ピンク）
- 両面テープをつけてシールにする

● ピンクと白のお花紙を丸めて交互に重ねる。

チキンナゲット ★
<材料1個分>折り紙（黄土色、赤）各1枚／ペットボトルのふた 1個

- 折り紙（黄土色）
- 赤いペンでふちの模様を描く
- 折り紙（赤）
- ペットボトルのふた

① 折り紙を丸めてチキンナゲットを作る。
② 赤い折り紙を丸めてケチャップを作る。

ハンバーガーショップなりきりエプロン ★
<材料>カラーポリ袋（黄）／お花紙（赤）3枚／カラーロープ（ピンク）200cm／画用紙 10cm×15cm／

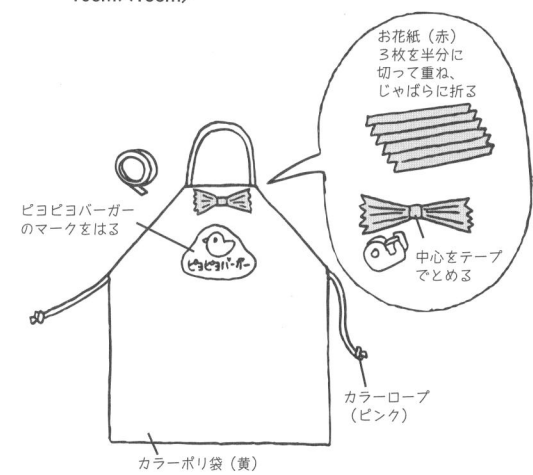

- お花紙（赤）3枚を半分に切って重ね、じゃばらに折る
- ピヨピヨバーガーのマークをはる
- 中心をテープでとめる
- カラーロープ（ピンク）
- カラーポリ袋（黄）

● 56ページのパンやさんエプロンと同様に作り、お花紙の蝶ネクタイをつける。

※トレーの作り方は67ページにあります。

おすしやさん

作品 ➡ 22-23ページ
※記載の寸法は目安です。

マグロ ★ ／ サーモン ★
<材料>ティッシュ 3枚／色画用紙（赤、オレンジ）各3.5cm×8cm

1. ティッシュを固く細長い形に握ってシャリを作る。
2. すしネタを作り、それぞれ❶にのせる。

たまご焼き ★ ／ イカ ★
<材料>ティッシュ 3枚／色画用紙（黄、白）各3.5cm×8cm、(黒)各1cm×12cm

1. ティッシュを固く細長い形に握ってシャリを作る。
2. すしネタを作り、それぞれ❶にのせ、細長く切った色画用紙（黒）で巻く。

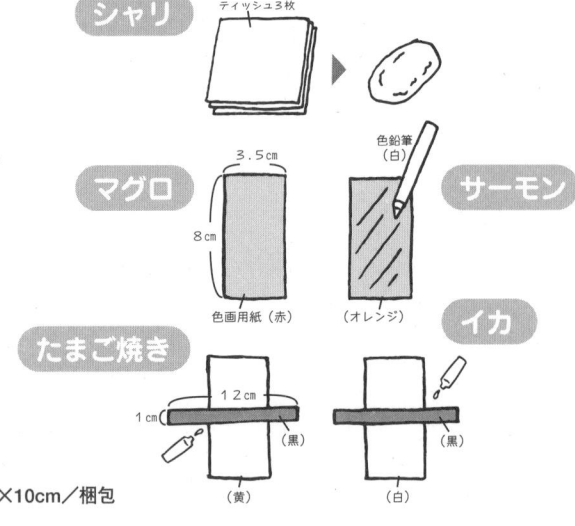

エビ ★
型紙 ➡ 85ページ
<材料>ティッシュ 3枚／色画用紙（白）3.5cm×10cm／梱包材（エアーパッキン）

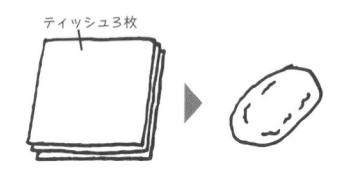

1. マグロと同じように、ティッシュでシャリを作る。
2. エアーパッキンをオレンジ色でぬる。
3. 乾かないうちに色画用紙に押しつける。
4. ❸をエビの形に切って、しっぽをぬり、❶にのせる。

のり巻き ★★ マグロ・キュウリ・かんぴょう
<材料3個分>ティッシュ 3枚×3個分／色画用紙（黒）3.5cm×12cm×3個分、(赤)1.5cm×6cm、(黄緑)1.5cm×6cm／スズランテープ（茶）20cm／紙皿 1枚 [ガリ] 色画用紙（薄いピンク）適量

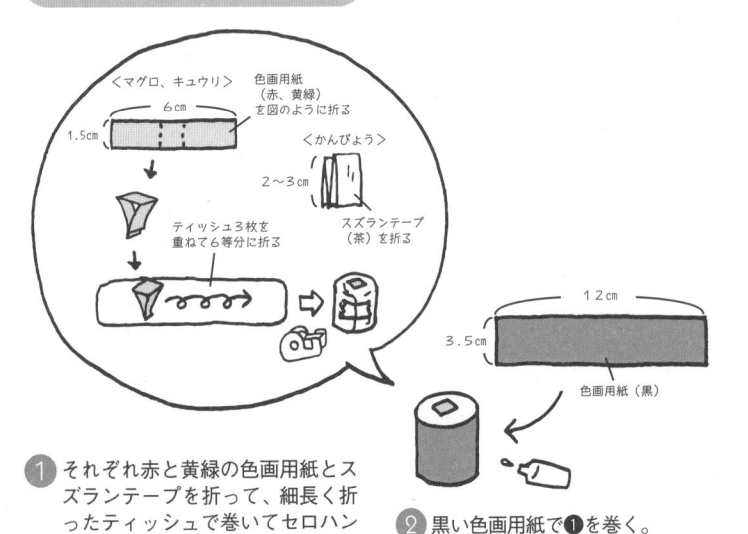

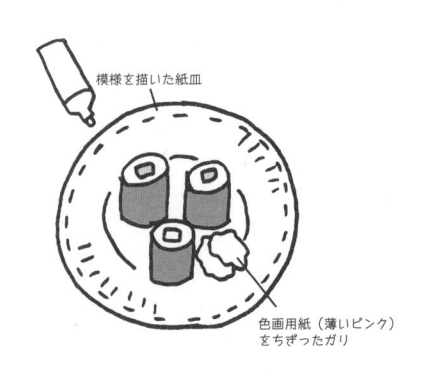

1. それぞれ赤と黄緑の色画用紙とスズランテープを折って、細長く折ったティッシュで巻いてセロハンテープでつける。
2. 黒い色画用紙で❶を巻く。
3. 色画用紙をちぎって、ガリを作る。紙皿に盛りつける。

ウニ ★★
<材料>ティッシュ 3枚／色画用紙（黒）3.5cm×12cm、（黄緑）2cm×3cm／フェルト（オレンジ、黄土色）4cm×4cm、

イクラ ★★
<材料>ティッシュ 3枚／色画用紙（黒）3.5cm×12cm／梱包材（エアーパッキン）適量

ウニ
- 緑のペンでふちをぬった色画用紙（緑）のキュウリ
- 2cm×3cm
- フェルト（オレンジ、黄土色）を2枚ずつ切る
- 12cm
- 3.5cm 色画用紙（黒）
- シャリ

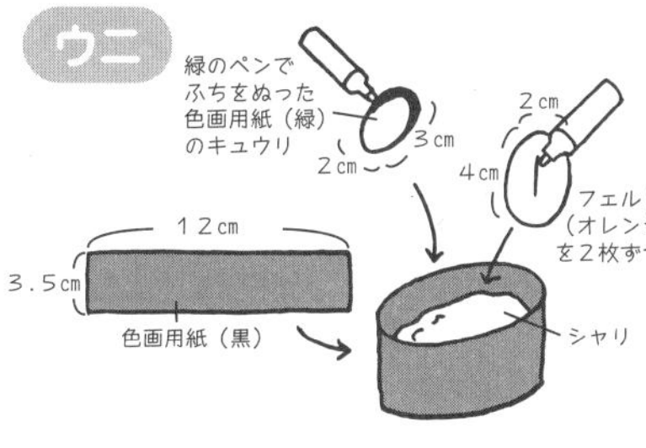

イクラ
- エアーパッキンをオレンジの油性ペンでぬりだ円に切る
- 3.5cm
- 5cm

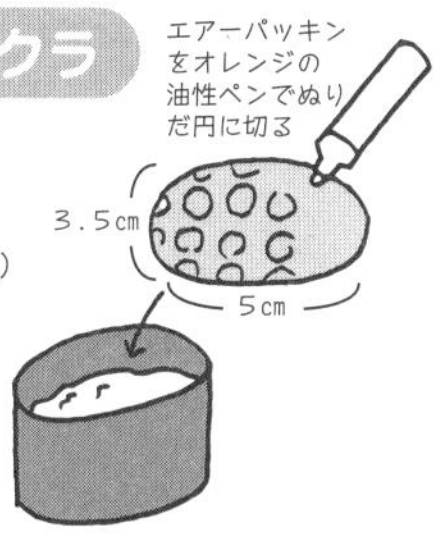

1. ティッシュでシャリを作って黒の色画用紙で巻く。
2. フェルトでウニ、色画用紙でキュウリを、エアーパッキンでイクラを作り、それぞれ❶にのせる。

手巻きずし ★★
<材料>キッチンペーパー 2枚／色画用紙（黒）12cm×12cm、（赤、黄、黄緑）各1.5cm×12cm

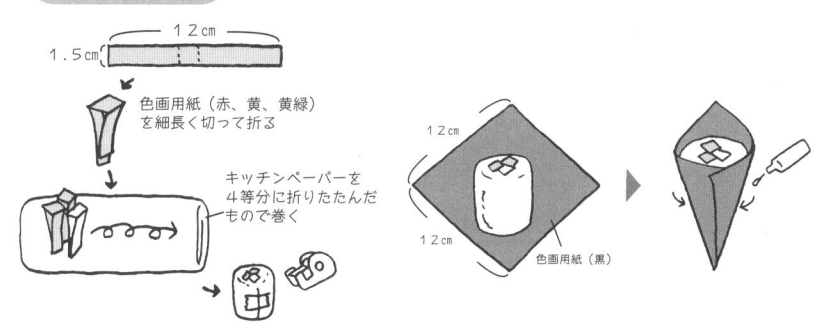

- 1.5cm / 12cm
- 色画用紙（赤、黄、黄緑）を細長く切って折る
- キッチンペーパーを4等分に折りたたんだもので巻く
- 12cm×12cm 色画用紙（黒）

1. 赤、黄、黄緑の色画用紙を折って、キッチンペーパーで巻き、セロハンテープでとめる。
2. 黒の色画用紙に❶をのせて巻き、端同士をはり合わせる。

お茶 ★
<材料>紙コップ 1個／模造紙 15cm×25cm／スズランテープ（黄緑）適量

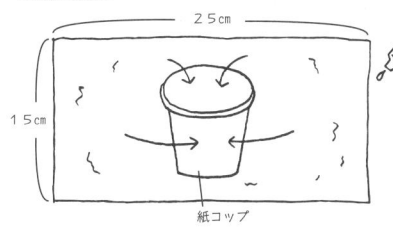

- 25cm / 15cm
- 紙コップ
- 軽く丸めたスズランテープ（黄緑）

1. しわをつけた模造紙で紙コップを包み、のりではってとめる。
2. ❶の中にスズランテープを入れる。

おすしやさんなりきりセット ★
はち巻き＆前かけ

<材料>ハンカチ（紺）1枚／カラーポリ袋（白）1/2枚／カラーロープ（水色）200cm

はち巻き

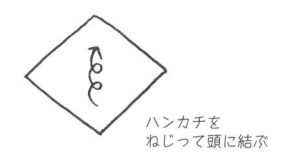

ハンカチをねじって頭に結ぶ

● ねじりはち巻きをして、59ページのコックさんのエプロンと同様に作った前かけをする。

✂ 遊ぼう！

ちょっとアレンジして市販の弁当の空き容器に詰めると、テイクアウトのおすしみたいになります。

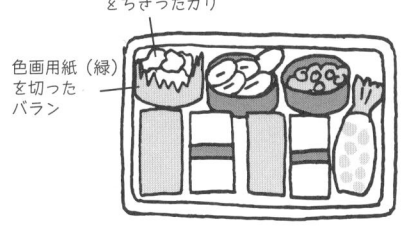

- 色画用紙（薄いピンク）をちぎったガリ
- 色画用紙（緑）を切ったバラン

さかなやさん

作品 ▶ 24-25ページ
※記載の寸法は目安です。

★ ヒラメ

<材料>茶封筒（A4）1枚／新聞紙 2枚／丸シール（白・直径15mm、黒・直径9mm）各2枚／モール（黄）6cm

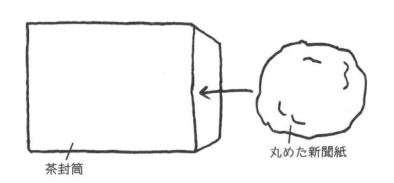

1. 茶封筒に丸めた新聞紙を入れる。
2. 角を折ってテープでとめ、しっぽになる部分を束ねてモールを巻く。
3. 表に返して、シールの目をつけ、模様を描く。

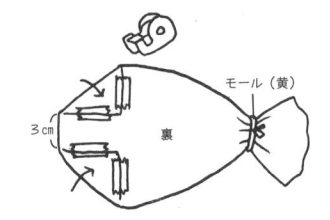

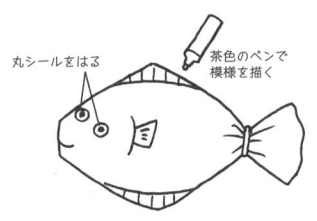

★★ サンマ

<材料>トイレットペーパー 適量／色画用紙（青）18cm×35cm／丸シール（白・直径15mm）2枚、（黒・直径9mm）2枚／モール（青）5cm

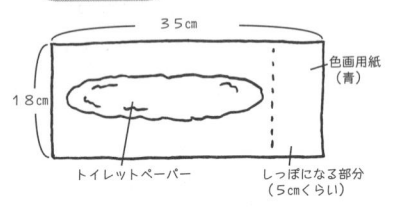

1. トイレットペーパーを細長く丸めて、青い色画用紙で包む。
2. 角を折ってテープでとめ、しっぽになる部分を束ねてモールを巻く。
3. 表に返して、顔と模様を描く。

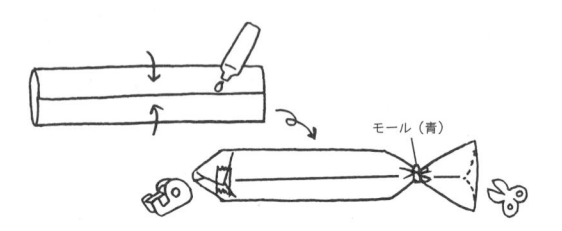

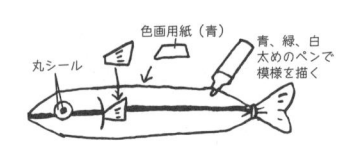

★★ イカ

<材料>封筒（白・長形4号）1枚／ティッシュ 4枚／ゴム手袋（白・Sサイズ）片方／丸シール（黒・直径15mm）2枚

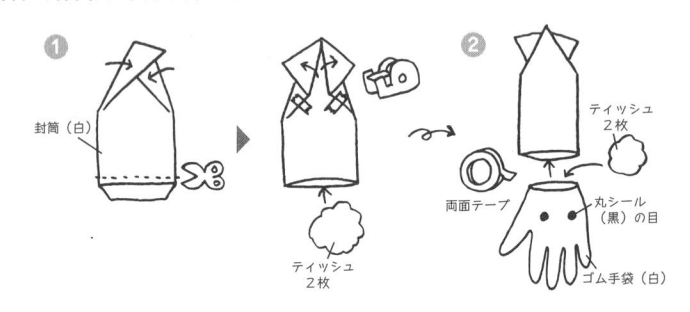

1. 封筒を図のように折って、丸めたティッシュを詰める。
2. ゴム手袋に丸めたティッシュを詰めて、手首の部分を❶にはりつけ、シールの目をつける。

★★ タコ

<材料>カラーポリ袋（赤）35cm×35cm／綿 適量／梱包材（エアーパッキン）15cm×20cm／丸シール（黒・直径9mm）2枚

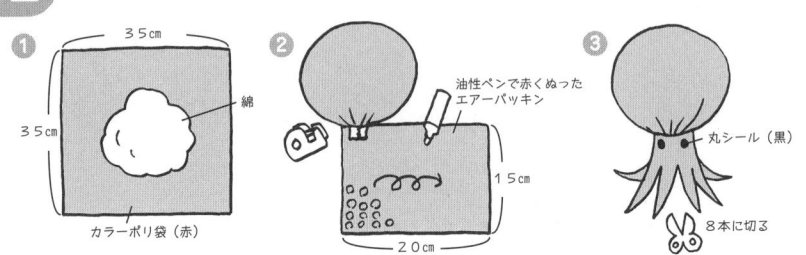

1. カラーポリ袋で綿を包んで、テープでとめる。
2. 赤くぬったエアーパッキンを、❶のとめ口に巻きつける。
3. エアーパッキンを切って足を作り、シールの目をつける。

カニ

<材料>紙皿（直径24cm）1枚／色画用紙（赤）20cm×26cm、（黒）3cm×3cm

型紙 ➡ 85ページ

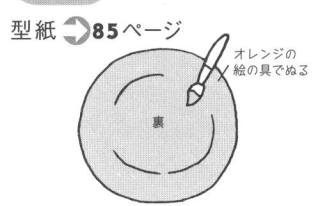

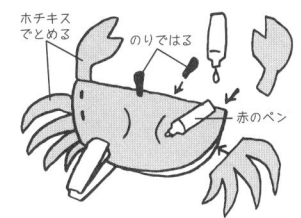

① 紙皿の裏側に色をぬる。

② 色画用紙を型紙通りに切った、目、はさみ、足を①に取りつける。

マグロのさしみ

<材料>色画用紙（赤）11cm×18cm、（緑）4cm×6cm／発泡スチロールトレー 13cm×20cm 1個／ラップ 適量／折り紙（白）3cm×5cm

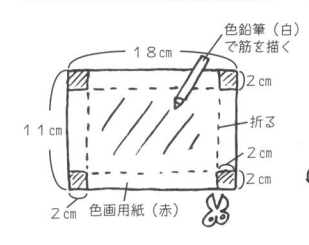

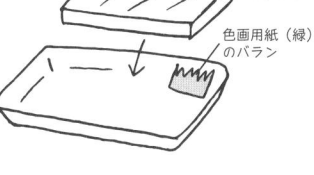

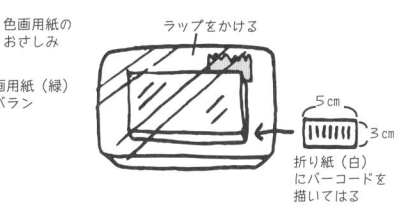

① 赤い色画用紙の四隅を図のように切り、白い色鉛筆で筋を描いて、四辺をそれぞれ折る。

② トレーに①と、バランを入れる。

③ ラップをかけて、バーコードを描いた紙をはる。

タイ

<材料>発泡スチロールトレー（15cm×19cm）1個／ラップ 適量／折り紙（白）3cm×5cm

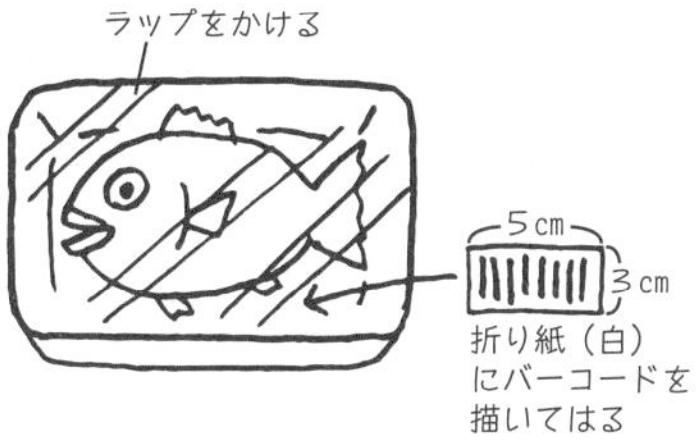

① トレーにクレヨンでタイの絵を描く。

② ①にラップをかけて、バーコードを描いた紙をはる。

教えて！

バーコードの作り方
バーコードを描く紙は、100円ショップにもあるシールタイプの折り紙が便利です。お菓子の箱などについているバーコードを切り取ってはってもOK。

さかなやさん なりきり前かけ

<材料>ハンカチ（青）1枚／リボン（紺・2cm幅）160cm

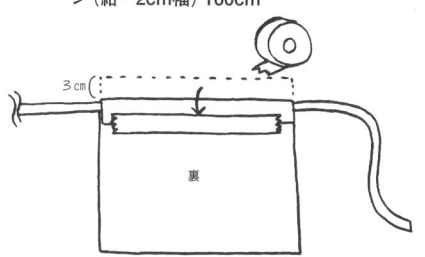

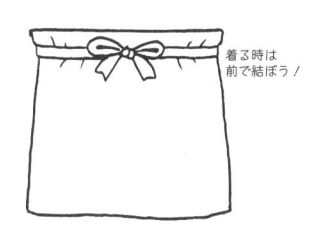

● ハンカチにリボンをはさんで折って、ガムテープでとめる。着る時は、前でリボンを結ぶ。

着る時は前で結ぼう！

ハンバーガーのトレー

<材料>板段ボール 33cm×23cm／画用紙（白）33cm×23cm／カラーロープ（ピンク）120cm

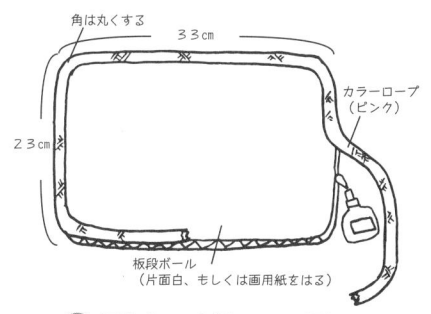

● 板段ボールを切って、画用紙をはり、まわりをカラーロープで飾る。

やおやさん

作品 ➡ 26-27ページ
※記載の寸法は目安です。

★★ キャベツ

<材料>新聞紙 3枚／色画用紙（黄緑）36cm×26cm 4枚、（緑）36cm×26cm 2枚

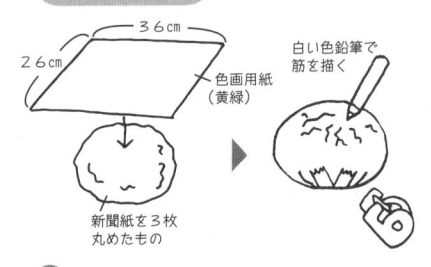

1. 色画用紙で、丸めた新聞紙を包み、筋を描く。
2. 色画用紙をちぎり、外側を包むようにはる。

★★ トマト

<材料>カラーポリ袋（赤・20cm×20cm）1枚／色画用紙（緑）5cm×5cm／綿 適量

型紙 ➡ 85ページ

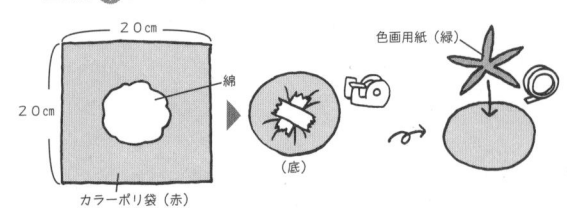

1. カラーポリ袋で綿を包んでセロハンテープでとめる。
2. 型紙通りに切ったへたをつける。

★★ タマネギ

<材料>新聞紙 1枚／色画用紙（オレンジ）25cm×25cm／スズランテープ（オレンジ）1m／毛糸（白）50cm

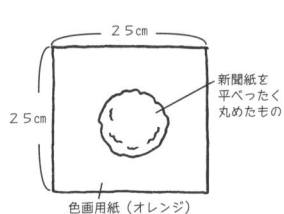

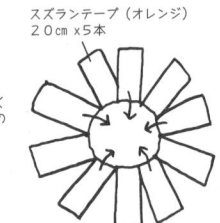

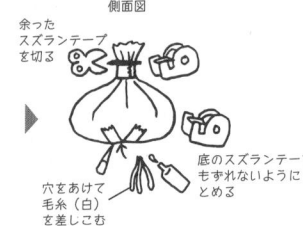

1. 色画用紙で丸めた新聞紙を包む。
2. スズランテープを放射状に広げて❶を包む。中心を束ねてセロハンテープでとめ、はみ出たスズランテープは切る。

★ ジャガイモ

<材料>新聞紙 1枚／模造紙 30cm×30cm

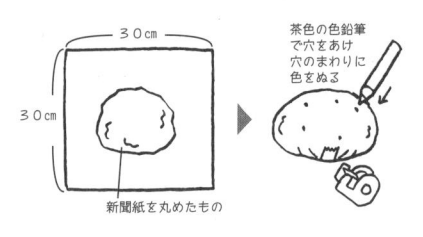

・模造紙で、丸めた新聞紙を包み、セロハンテープでとめる。色鉛筆で穴をあける。

★ ダイコン

<材料>ペットボトル（500ml）1本／色画用紙（白）36cm×26cm、（黄緑）5cm×6cm

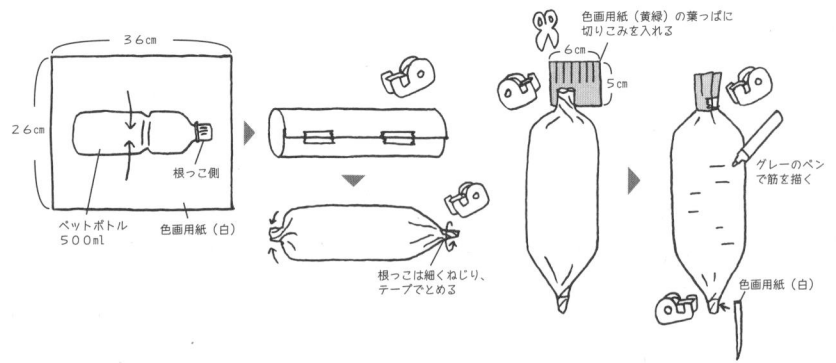

1. 色画用紙でペットボトルを包み、頭をすぼめる。根っこはねじって、セロハンテープでとめる。
2. 頭の部分に黄緑の葉を巻いてとめ、胴体に筋を描く。

★ ニンジン

<材料>トイレットペーパーの芯 1個／色画用紙（オレンジ）20cm×20cm、（黄緑）5cm×55cm

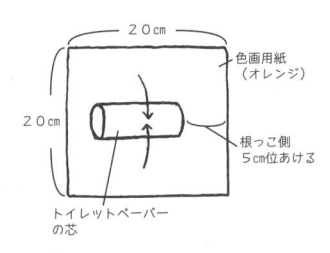

1. 色画用紙でトイレットペーパーの芯を包み、頭をすぼめる。根っこはねじって、セロハンテープでとめる。
2. 頭の部分に黄緑の葉を巻いてとめ、胴体に筋を描く。

ネギ
<材料>色画用紙（白）36cm×26cm、（緑、黄緑）26cm×15cm

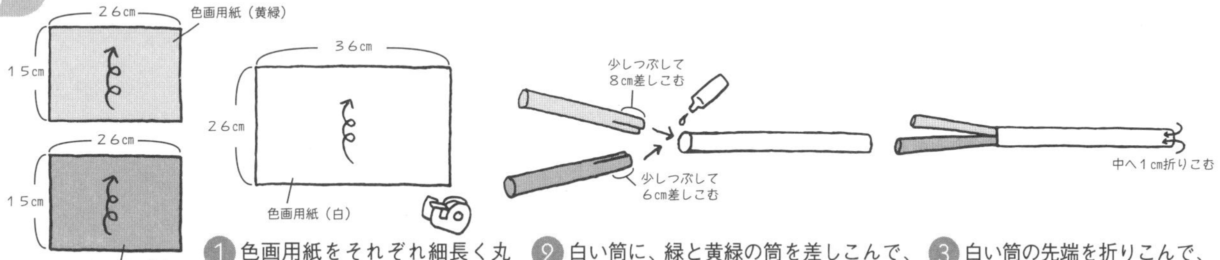

① 色画用紙をそれぞれ細長く丸めてとめる。
② 白い筒に、緑と黄緑の筒を差しこんで、のりでつける。
③ 白い筒の先端を折りこんで、丸みを持たせる。

ゴボウ
<材料>色画用紙（薄い茶）36cm×15cm

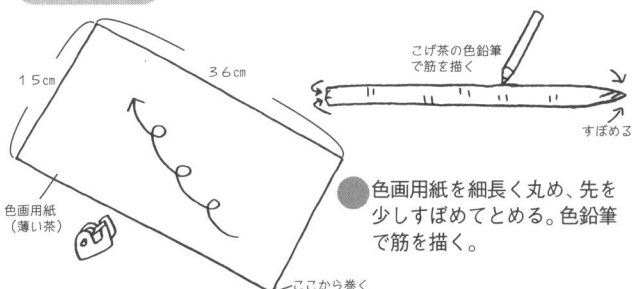

色画用紙を細長く丸め、先を少しすぼめてとめる。色鉛筆で筋を描く。

サツマイモ
<材料>新聞紙 2枚／色画用紙（紫）26cm×20cm

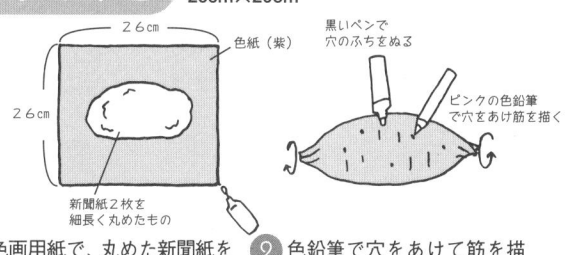

① 色画用紙で、丸めた新聞紙を包み、両端はねじってとめる。
② 色鉛筆で穴をあけて筋を描き、穴のふちを黒いペンでぬる。

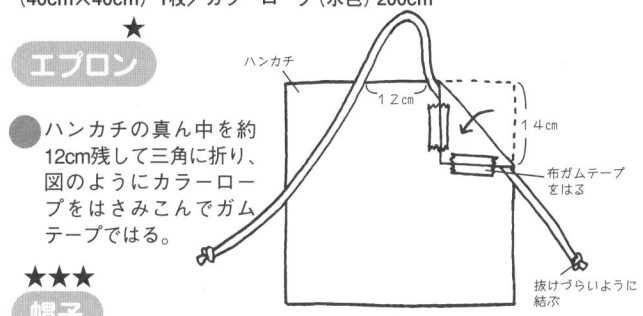

キュウリ
<材料>ティッシュ5枚／色画用紙（緑）15cm×26cm

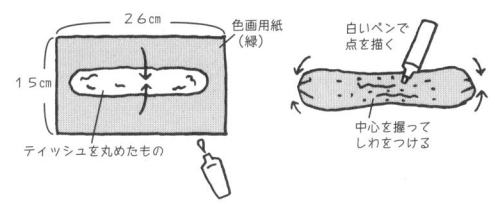

① 色画用紙で丸めたティッシュを包み、両端はすぼめる。
② 白いペンで点々を描き、中心をにぎってしわをつける。

やおやさんなりきりセット 帽子＆エプロン
<材料>牛乳パック3個／布ガムテープ（緑）適量／ハンカチ（40cm×40cm）1枚／カラーロープ（水色）200cm

★ エプロン
● ハンカチの真ん中を約12cm残して三角に折り、図のようにカラーロープをはさみこんでガムテープではる。

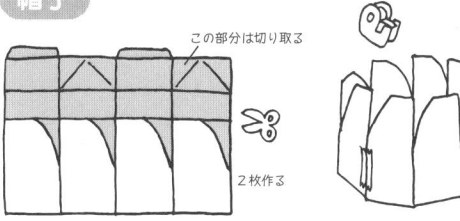

★★★ 帽子
① 牛乳パック2個分を切って開き、図のように切る。
② 2枚をつなげて、両端をセロハンテープではり合わせる。
③ 上部をホチキスでとめていき、上面と内側からもセロハンテープでしっかりとめる。
④ 残りの牛乳パックを切って開き、つばを切り取る。
⑤ つばを③の内側に取りつけ、周囲をガムテープで飾る。

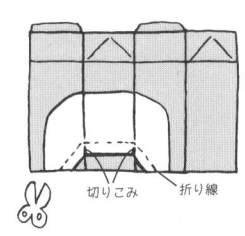

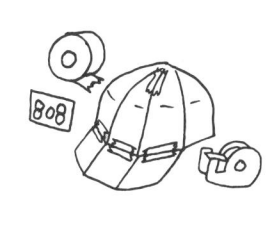

くだものやさん

作品 ➡ 28-29ページ
※記載の寸法は目安です。

リンゴ ★★
<材料>カラーポリ袋（赤・20cm×20cm）2枚／モール（茶）6cm／綿 適量

ナシ ★★
<材料>カラーポリ袋（クリーム・20cm×20cm）2枚／モール（茶）6cm／綿 適量

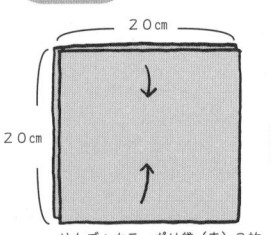

りんご：カラーポリ袋（赤）2枚
な し：カラーポリ袋（クリーム）2枚

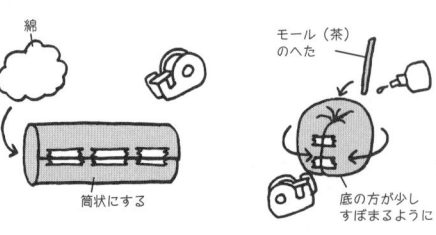

1. 2枚重ねのカラーポリ袋で筒を作って綿を詰める。
2. ①を丸めて、形を整え、セロハンテープでとめる。モールのへたを真ん中の穴に差しこむ。ナシは、緑色の油性ペンで点を描く。

サクランボ ★
<材料>カラーポリ袋（赤・8cm×8cm）2枚／モール（緑）1本／綿 適量

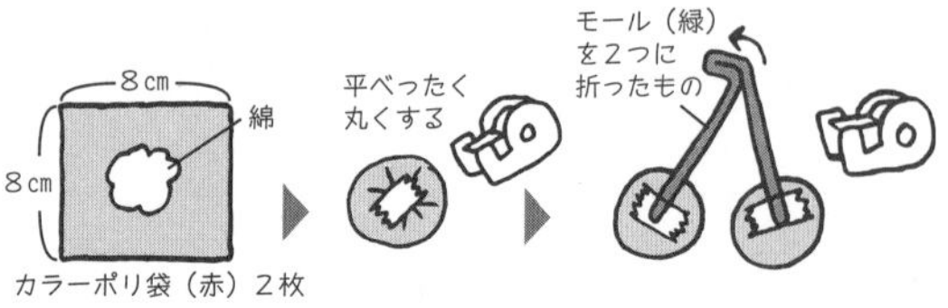

● カラーポリ袋で綿を包んだものを2つ作り、モールでつなげる。

バナナ ★
<材料>カラーポリ袋（黄・20cm×15cm）2枚／折り紙（オレンジ）2cm×3cm／綿 適量

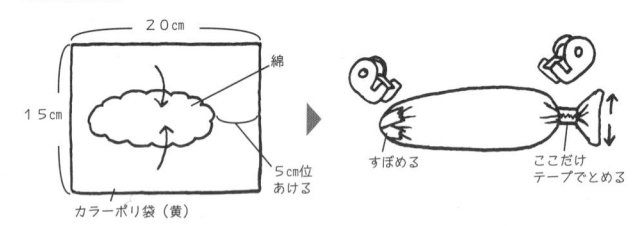

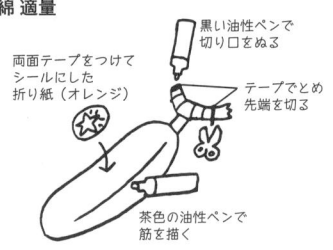

1. カラーポリ袋で綿をくるんで先端はすぼめ、へたになるほうは細長くねじってセロハンテープでとめる。
2. へたの形を整え、ペンで筋を描き、マークのシールをはる。

ミカン ★
<材料>ティッシュ5枚／折り紙（オレンジ）1枚／色画用紙（緑、黄緑）各1cm×1cm

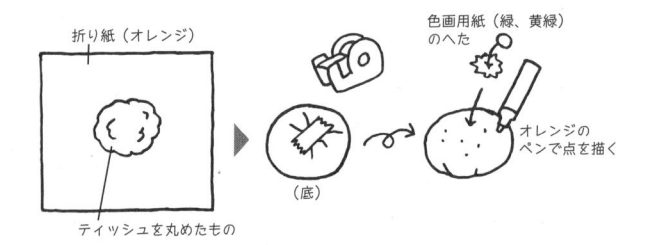

● 折り紙で、丸めたティッシュを包み、セロハンテープでとめて、へたや点をつける。

カキ ★★
<材料>カラーポリ袋（オレンジ・20cm×20cm）2枚／色画用紙（黄緑）6cm×6cm／綿 適量

型紙 ➡ 85ページ

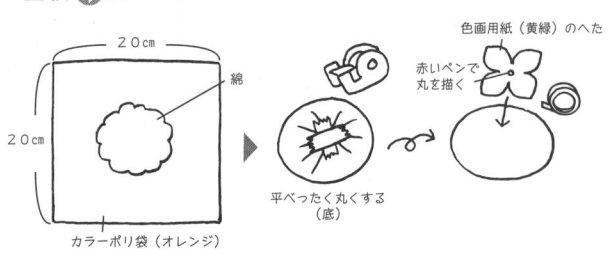

● カラーポリ袋で綿を包み、セロハンテープでとめて、型紙通りに切ったへたをつける。

レモン ★

<材料>ティッシュ 5枚／折り紙（黄）1枚／色画用紙（黄緑）1cm×1cm

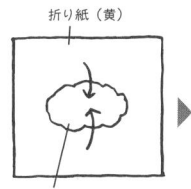

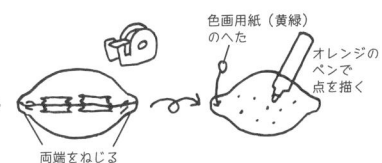

① 折り紙で、丸めたティッシュを包んで、セロハンテープでとめる。
② 色画用紙のへたをつけて、ペンで点を描く。

イチゴ ★

<材料>折り紙（赤）1枚／色画用紙（緑）4cm×4cm

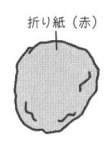

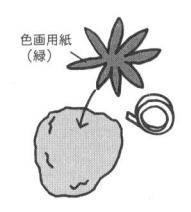

型紙 ➡ 85ページ

① 折り紙を丸めて、イチゴの形にする。
② 型紙通りに切ったへたをつける。

モモのかんづめ ★★

<材料>ガムテープの芯 2個／色画用紙（黄緑）10cm×30cm、（白）3cm×9cm、（薄いピンク）7cm×7cm、（クリーム）7cm×10cm、（薄い茶）9cm×18cm

パイナップルのかんづめ ★★

<材料>ガムテープの芯 2個／色画用紙（青）10cm×30cm、（白）4cm×10cm、（オレンジ）6cm×9cm、（黄）8cm×9cm、（薄い茶）9cm×18cm

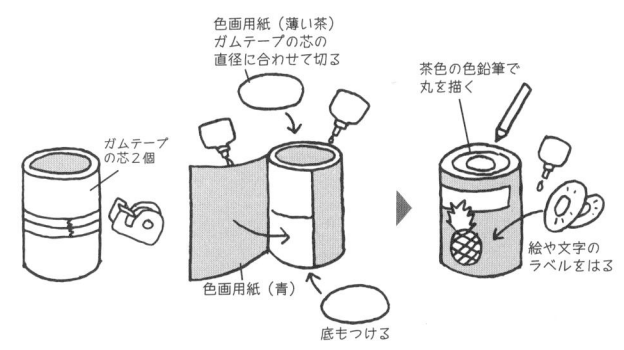

① ガムテープの芯を2個重ねる。
② 色画用紙を①に巻きつけて、絵や文字を描いたラベルを、それぞれ上からはる。

スイカ ★

<材料>紙皿（直径21cm）1枚

メロン ★

<材料>紙皿（直径21cm）1枚

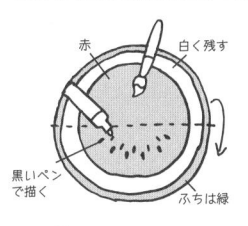

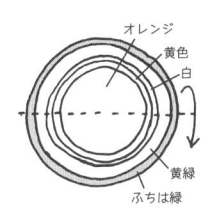

● 紙皿に絵の具や太めのペンで色をぬり、乾いたら半分に折る。

くだものやさんなりきりセット 帽子&エプロン

<材料>カラーポリ袋（赤）1/2枚／色画用紙（緑）3cm×5cm／わゴム6本／布ガムテープ（緑）適量／ハンカチ（黄）40cm×40cm／カラーロープ（白）200cm

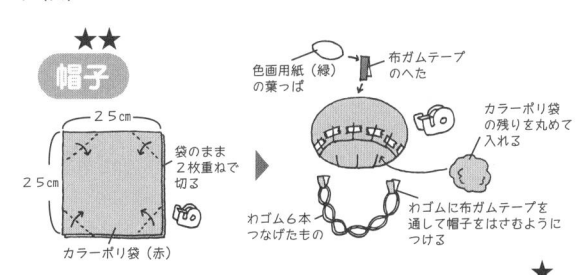

帽子 ★★

① カラーポリ袋を切り、四隅を折ってテープでとめる。
② ふちを丸く形取りながら、セロハンテープでとめていく。
③ ②にへたと葉っぱをつけて、つなげたわゴムを取りつける。カラーポリ袋の残りを中に入れてかぶる。

エプロン ★

● 69ページのやおやさんと同様に作る。

わ切りのパイナップル

<材料>板段ボール8cm×8cm／スズランテープ（黄）1m

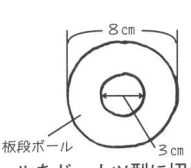

● 板段ボールをドーナツ型に切り、スズランテープを巻きつける。

おかしやさん

作品 ➡ **30-31**ページ
※記載の寸法は目安です。

★ クッキー
<材料1枚分> 板段ボール 7cm×7cm

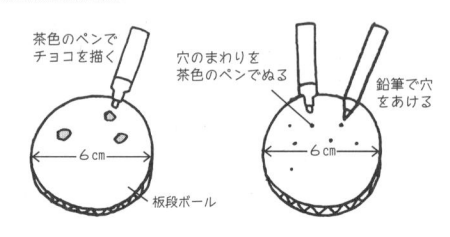

- 茶色のペンでチョコを描く
- 穴のまわりを茶色のペンでぬる
- 鉛筆で穴をあける
- 板段ボール
- 白やオレンジのペンで模様を描く
- ピンキングばさみ

● 板段ボールを丸型や四角型に切って、それぞれ模様を描く。

★ マシュマロ
<材料3個分(各色)> お花紙(白、ピンク、水色) 各3枚

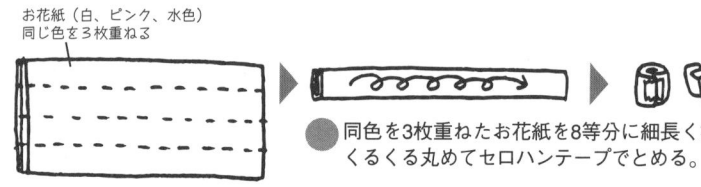

お花紙(白、ピンク、水色)同じ色を3枚重ねる

● 同色を3枚重ねたお花紙を8等分に細長く折り、くるくる丸めてセロハンテープでとめる。

★ キャンデーA
<材料1個分> ティッシュ 1枚／カラーセロハン 7cm×7cm

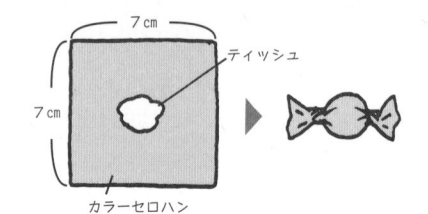

- ティッシュ
- カラーセロハン

● カラーセロハンで、丸めたティッシュを包み、両端をねじる。

★★ キャンデーB
<材料1個分> フェルト(白、ピンク) 各1cm×20cm／透明セロハン 10cm×10cm／リボン(4mm幅) 24cm

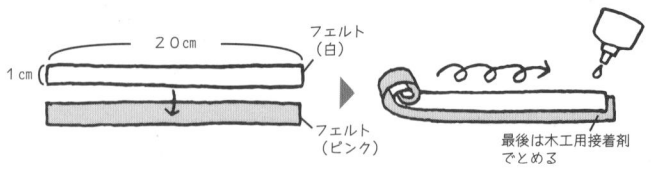

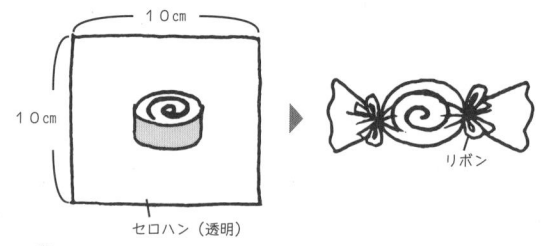

- フェルト(白)
- フェルト(ピンク)
- 最後は木工用接着剤でとめる
- セロハン(透明)
- リボン

① 細長く切った白とピンクのフェルトを重ねて、くるくる巻く。

② 透明セロハンで包んで両端をねじり、リボンを結ぶ。

★ せんべい
<材料1枚分>
A 折り紙(茶) 1枚／セロハンテープの芯(せんべいの形を作る時に使います)
B 折り紙(茶) 1枚／色画用紙(黒) 6cm×6cm／セロハンテープの芯(せんべいの形を作る時に使います)

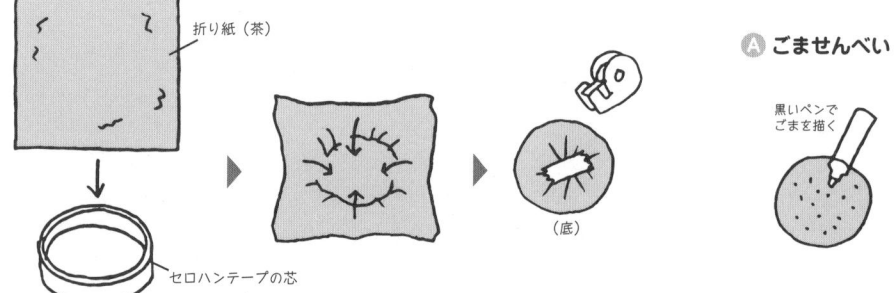

- 折り紙(茶)
- セロハンテープの芯
- (底)

A ごませんべい 
黒いペンでごまを描く

B のりせんべい
しわをつけた折り紙(黒) 6cm×6cm

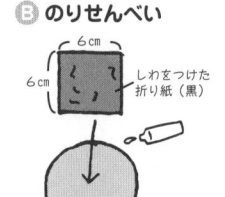

① しわをつけた折り紙をセロハンテープの芯にはめこんで、丸く形を作り、セロハンテープでとめる。

② ①にペンで黒い点を描けばごませんべいに、しわをつけた黒い折り紙をはればのりせんべいになる。

チョコレート ★★

<材料>板段ボール 16cm×15cm／アルミホイル 22cm×18cm／折り紙（茶）1枚

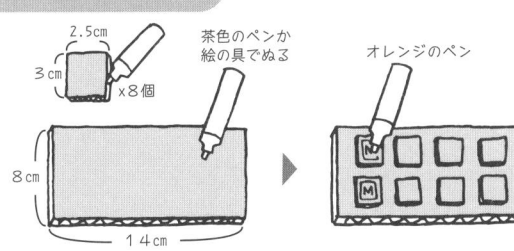

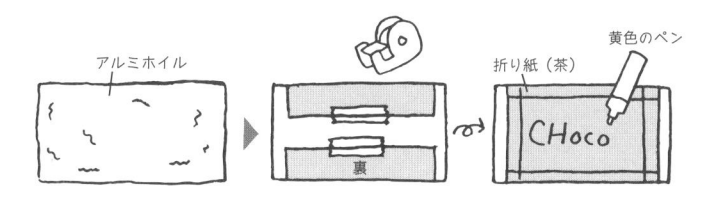

① 板段ボールを切って色をぬり、パーツをはって、チョコの模様を描く。

② ①をアルミホイルで包んで折り紙を巻いてとめ、表側に模様を描く。

ポテトチップス ★

<材料1枚分>色画用紙（クリーム）6cm×7cm／市販のポテトチップスの空き容器

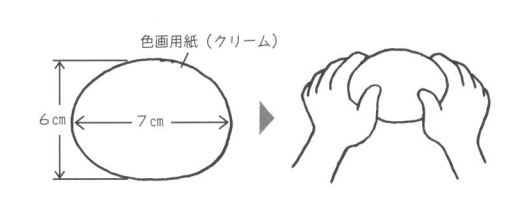

● 色画用紙を何枚かまとめてだ円形に切り、手で曲げてカーブをつける。たくさん作って、ポテトチップスの容器に入れる。

だんごA ★

<材料>お花紙（白、ピンク）各2枚／竹串（長さ10cm）1本

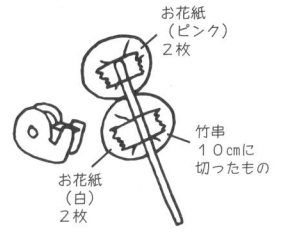

● 2枚重ねのお花紙をそれぞれ丸めて、竹串にセロハンテープではる。

だんごB ★

<材料>お花紙（白）4枚／竹串（長さ10cm）1本

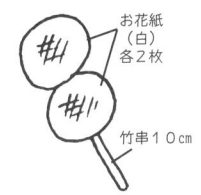

※こげ目は、62ページ参照。

● 白いお花紙で、だんごAと同様に作る。こげ目をつけて焼きだんごに！

おかしやさんなりきりセット 三角巾＆エプロン ★

<材料>ハンカチ（オレンジ）1枚／カラーポリ袋（オレンジ）1枚／カラーロープ（黄）200cm／画用紙 7cm×4cm

型紙 ➡ 86ページ

● ハンカチを三角に折って頭に巻き、56ページのパンやさんと同様に作ったエプロンをする。

でんきやさん

作品 32-33ページ

※記載の寸法は目安です。空き箱も身近にあるものなどを利用してください。

デジタルカメラ ★★

<材料>空き箱 7.5×8.5cm×2.5cm 1個／板段ボール 7cm×5cm／ペットボトルのふた 1個／折り紙（メタル青）1枚／色画用紙（グレー）6cm×5cm／梱包材（エアーパッキン）エアー部分2つ分／丸シール（白・直径10mm）2枚、赤、青・直径10mm）各1枚、（黒・直径15mm）1枚

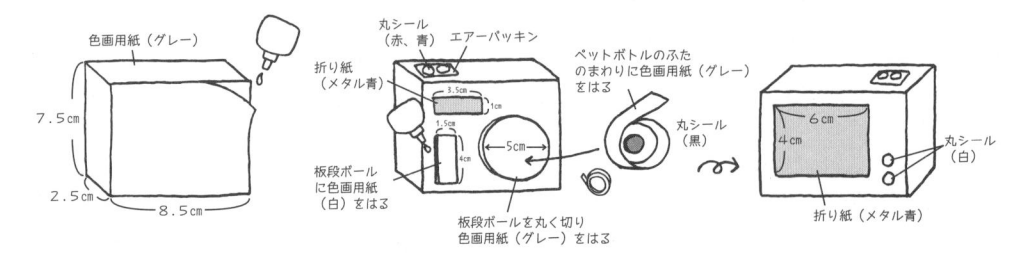

1. 空き箱全体に色画用紙をはる。
2. ❶にそれぞれのパーツを取りつける。ペットボトルのふたは両面テープではる。

ビデオカメラ ★★★

<材料>空き箱 8cm×9cm×4.5cm 1個／板段ボール 6cm×8cm／ペットボトルのふた（大、小）各1個／折り紙（メタル青、金）各1枚／色画用紙（グレー）20cm×25cm／厚紙 4cm×8cm／丸シール（青・直径10mm）3枚、（赤・直径10mm）1枚、（黒、青・直径20mm）各1枚／布ガムテープ（黒）30cm

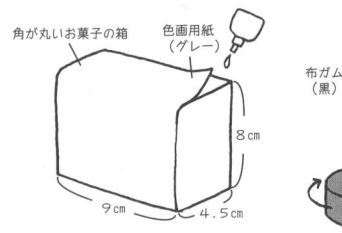

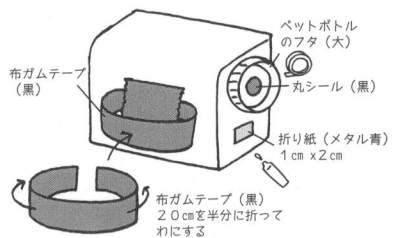

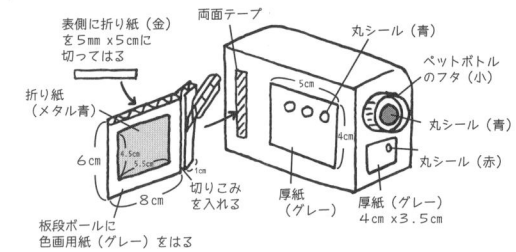

1. 空き箱全体に色画用紙をはる。
2. ガムテープで持ち手を作って取りつける。レンズ側の部品をつける。
3. 板段ボールに色画用紙をはって液晶部分を作り、本体に取りつける。のぞく側のパーツをつける。

携帯電話A ★

<材料>板段ボール 5cm×11cm 2枚／折り紙（メタル青）1枚／色画用紙（黄）5cm×24cm、（オレンジ）5cm×5cm／丸シール（白・直径10mm）2枚、（黄、赤、緑・直径10mm）各1枚／梱包材（エアーパッキン）2.5cm×4.5cm

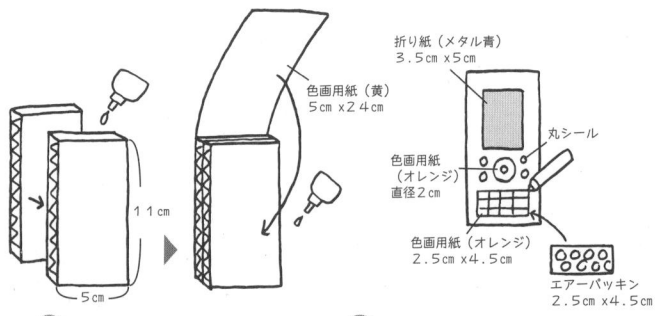

1. 板段ボール2枚をはり合わせ、色画用紙をはる。
2. 折り紙や梱包材、シールでパーツを作ってつける。

携帯電話B ★★

<材料>板段ボール 5cm×20cm／折り紙（メタル青）1枚／色画用紙（緑、黄緑）各5cm×20cm、（緑）5cm×8cm／丸シール（青・直径10mm）3枚、（赤）1枚、（緑）1枚／梱包材（エアーパッキン）4cm×4cm

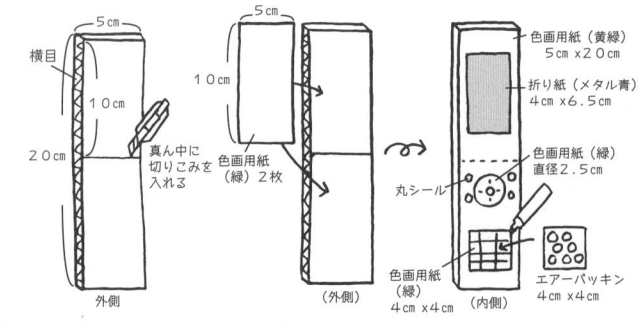

1. 板段ボールに切りこみを入れる。このとき、段ボールの波目が横にくるようにする。
2. 両面に色画用紙をはって、梱包材やシールでパーツを取りつける。

ノートパソコンA ★★★

<材料>空き箱18cm×29cm×3.5cm 1個／スポンジ17cm×28cm×3cm 1個／板段ボール 18cm×29cm／色画用紙（黄）18cm×29cm 2枚、（黄緑）16cm×26cm／丸シール（黄・直径14mm）6枚、（赤、白・直径9mm）各3枚、（青、緑）各2枚、ハート型シール1枚／四角シール（白・1.2cm×2.1cm）6枚 [マウス]紙コップ1個／リボン（オレンジ・6mm幅）40cm

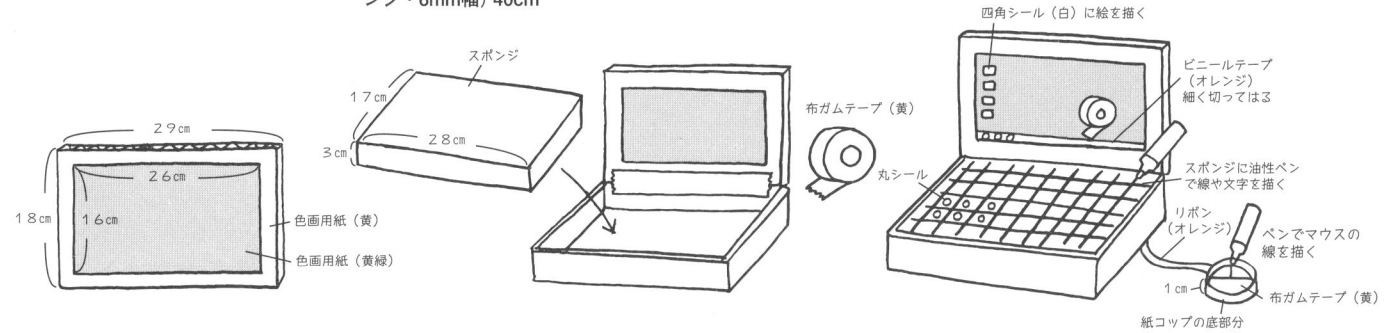

1. 空き箱の大きさに合わせて板段ボールを切り、色画用紙をはる。
2. ①と空き箱を、布ガムテープでつなげる。空き箱の大きさに合わせてスポンジを切り、中に入れる。
3. スポンジに線や文字を描き、シールをはってキーボードを作る。シールがはがれやすい場合は木工用接着剤ではる。
4. 紙コップを切ってマウスを作り、本体につなげる。

ノートパソコンB ★★

<材料>板段ボール 16cm×24cm 2枚／色画用紙（グレー）24cm×34cm、（グレー、黒）各16cm×24cm、（薄い緑）14cm×21cm／丸シール（黄・直径14mm）1枚、（黄・直径9mm）3枚、（青）3枚、（緑）2枚、（赤・直径5mm）2枚／四角シール（白・1.2cm×2.1cm）14枚／布ガムテープ（水色）7cm／ビニールテープ（水色）21cm

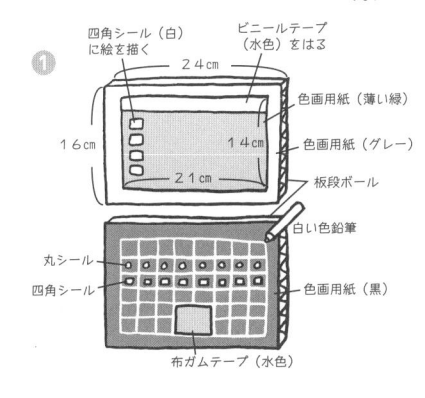

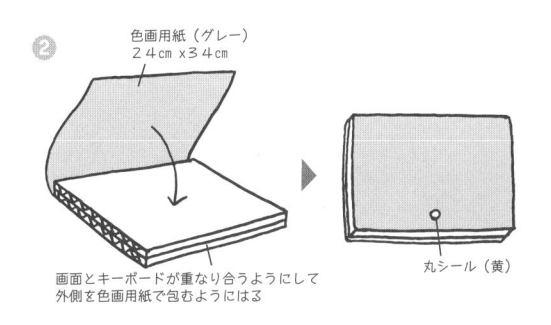

1. 板段ボールにそれぞれ色画用紙をはって、画面とキーボード部分を作る。キーボードは白い色鉛筆で描くとよい。
2. 重ねた状態で、色画用紙をはって、上下をつなぐ。ふたの上面に丸シールをはる。

腕時計 ★★

<材料>ペットボトルのふた1個／アルミホイル13cm×13cm／トイレットペーパーの芯1個／色画用紙（金）1cm×2cm／厚紙4cm×4cm

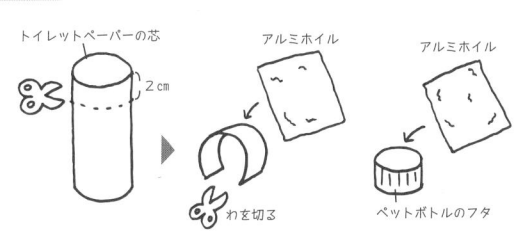

1. トイレットペーパーの芯を切ったものと、ペットボトルのふたをそれぞれアルミホイルで包む。
2. 厚紙で文字盤を作って、ふたにはる。腕ベルトと文字盤を両面テープではり合わせる。

でんきやさん

作品 ➡ 32-33ページ

※記載の寸法は目安です。空き箱も身近にあるものなどを利用してください。

テレビ＆リモコン ★★

<材料>段ボール箱 26cm×31cm×15cm／色画用紙（黒）15cm×85cm、（グレー）26cm×31cm／ペットボトルのふた 2個 ［画面用］画用紙（白）29.5cm×25.5cm 何枚でも ［リモコン］空き箱 6.5cm×15cm×さ2cm／色画用紙（黒）17cm×19cm／梱包材（エアーパッキン）6.5cm×15cm／丸シール（白・直径10mm）12枚、（青）6枚、（緑）2枚、（赤）1枚

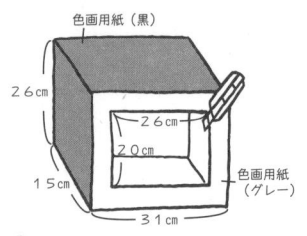

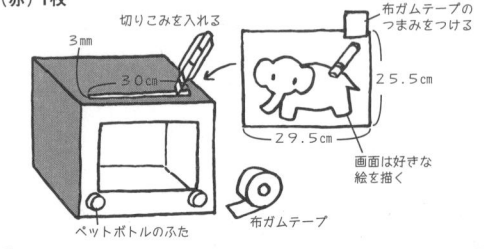

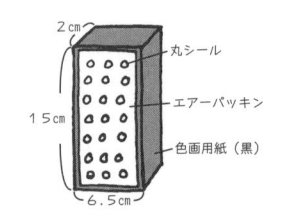

① 段ボール箱に色画用紙をはり、前面をくりぬく。

② 上部に切りこみを入れ、画用紙が出し入れできるようにする。ペットボトルのふたを取りつける。

③ 空き箱全体に色画用紙をはり、エアーパッキンとシールでボタンをつける。

携帯用ゲーム機 ★★

<材料>板段ボール 13cm×16cm／ストロー 1本／色画用紙（ピンク）13cm×32cm、（濃いピンク）3cm×3cm／折り紙（メタル青）1枚／丸シール（銀・直径5mm）6枚、（赤）4枚、（赤・直径9mm）2枚／ハート型シール（赤）1枚

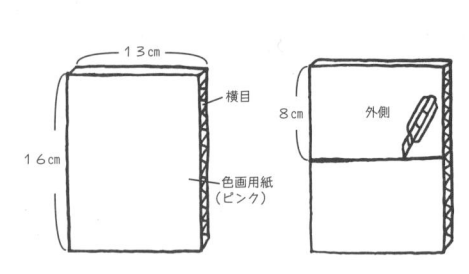

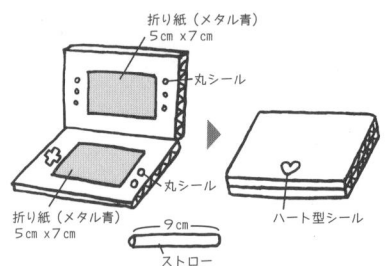

① 板段ボールの両面に色画用紙をはる。このとき段ボールの波目が横にくるようにする。

② 外側にするほうの真ん中に切りこみを入れて2つに折る。

③ 内側の面を折り紙や丸シールをはって飾る。ふたの上面にハート型シールをはる。ストローを切って、タッチペンを作る。

ドライヤー ★★

<材料>アルミホイルの箱 1個／トイレットペーパーの芯 1個／ポテトチップスのふた 2枚／カラーロープ（クリーム・7mm幅）70cm／折り紙（水色）1枚／丸シール（赤、青・直径10mm）各1枚／ビニールテープ（オレンジ）適量／布ガムテープ（黄）適量

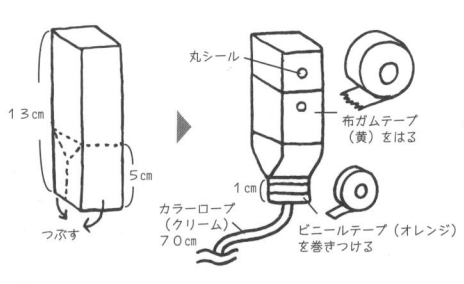

① アルミホイルの箱を半分（13cmくらい）に切り、図のようにつぶしてカラーロープをはさんで、ビニールテープでとめる。本体部分は布ガムテープを巻きつけ、丸シールのボタンをはる。

② トイレットペーパーの芯に折り紙やビニールテープをはり、①にテープでつける。ポテトチップスのふたを両面テープで両側につける。

でんきやさん なりきりはっぴ ★★

<材料>カラーポリ袋（赤）1枚／画用紙（白）10cm×15cm／布ガムテープ（黒）適量

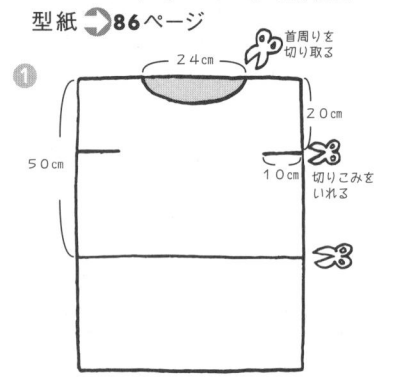

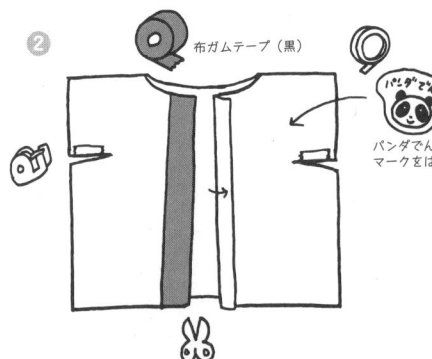

型紙 ➡ 86ページ

① カラーポリ袋を図のように切る。

② 上側の真ん中を切り開き、外側に少し折って、ふちに布ガムテープをはる。パンダでんきのマークをはる。

はなやさん

作品 → 36-37ページ
※記載の寸法は目安です。

ユリ ★★
<材料1本分>折り紙(白)1枚／色画用紙(緑)3cm×13cm／モール(緑)1本／丸シール(黄・直径15mm)1枚

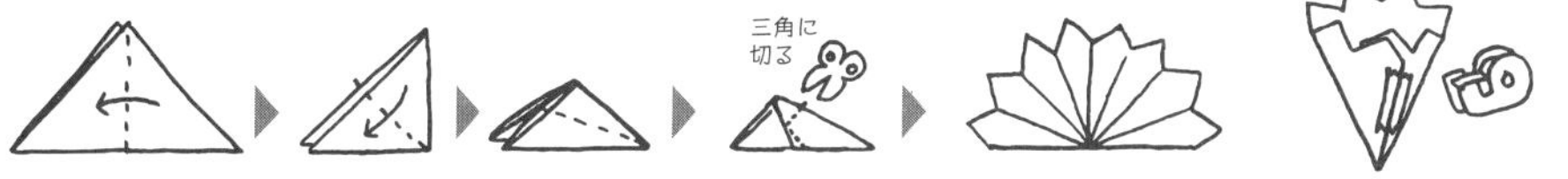

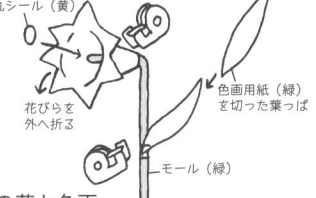

1. 折り紙を三角に4回折って、先端を三角に切り、半分まで広げる。
2. ①を丸め、花びら1枚分を重ねてテープではる。
3. 花にモールの茎と色画用紙の葉を取りつける。

ヒマワリ ★★
<材料1本分>色画用紙(黄)5cm×60cm、(オレンジ)5cm×5cm、(緑)7cm×12cm／割りばし1本

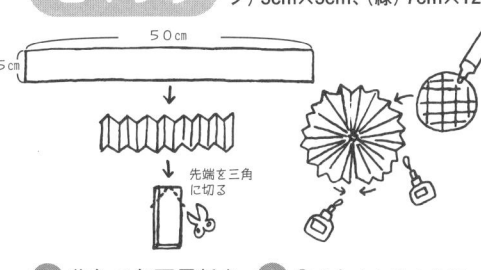

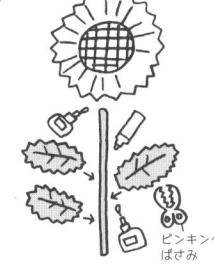

1. 黄色の色画用紙を1cm幅くらいでじゃばらに折り、先端を三角に切る。
2. ①を丸くなるように広げて、端同士をとめる。模様を描いたオレンジの色画用紙を真ん中にはる。
3. 割りばしを緑色にぬって、葉をつける。

カーネーション ★
<材料2本分>お花紙(赤)5枚／モール(緑、黄緑)各2本

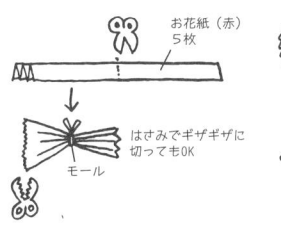

1. 重ねたお花紙をじゃばらに折って半分に切り、それぞれの真ん中をモールでとめる。両端をそれぞれピンキングばさみで切って、花を2つ作る。
2. ①の花びらを1枚1枚広げる。花にモールの茎と葉を取りつける。

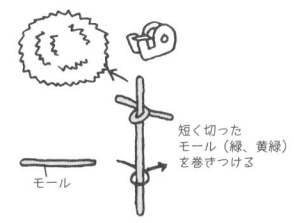

チューリップ ★
<材料1本分>紙コップ1個／曲がるストロー1本／色画用紙(黄緑)3cm×12cm

1. 紙コップに色をぬる。
2. 4等分に切りこみをいれ、先端が2/3くらいの高さになるように花びらを切る。
3. ②の底にストローの茎を、茎に紙の葉を取りつける。

ガーベラ ★
<材料>紙コップ1個／曲がるストロー1本

1. 紙コップを8等分に切り開く。
2. 花びらの角を丸く切り、ストローを取りつける。

ポットフラワー ★★
<材料1鉢分>紙コップ1個／お花紙(黄)5枚／丸シール(ピンク・直径15mm)6枚／リボン(赤・12mm幅)50cm

1. 花はカーネーションと同じように作り(ギザギザに切らなくてもOK)、上に丸シールをはる。
2. 半分に切った紙コップに①をのせ、リボンを結ぶ。

はなやさんなりきりセット（ネッカチーフ&エプロン）★
型紙 → 86ページ

<材料>ハンカチ(オレンジ)1枚／カラーポリ袋(黄)1枚／カラーロープ(白)200cm／画用紙8cm×10cm

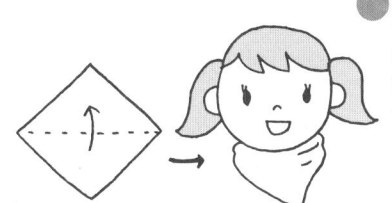

● ハンカチを三角に折って首に巻き、56ページのパンやさんと同様に作ったエプロンをする。

ようふくやさん

作品 ➡ 38-39ページ

※記載の寸法は目安です。

小さな帽子 ★
<材料>レースペーパー（直径15cm）1枚／ペットボトルのふた（赤）1個／カラーロープ（黄）130cm

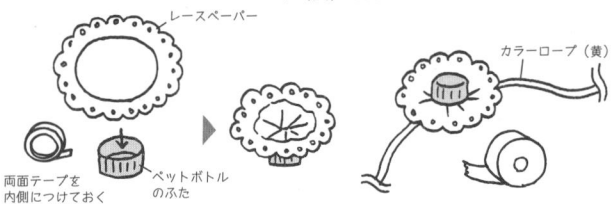

1. ペットボトルのふたに、レースペーパーを中心から押しこむ。
2. カラーロープを裏側に、ガムテープで取りつける。

ワンピース ★
<材料>カラーポリ袋（オレンジ）1枚／リボン（ピンク・1.5cm幅）1m／布ガムテープ（ピンク）適量

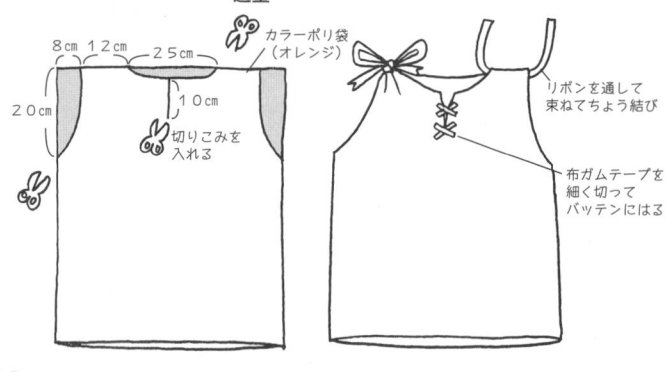

1. カラーポリ袋を図のように切る。
2. 両肩をリボンで結び、布ガムテープの飾りをつける。

ブレスレット ★
<材料>ストロー（水色、ピンク、薄い黄、薄い緑）各5cm／毛糸（まだら・太）30cm

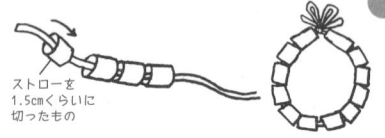

短く切ったストローを毛糸に12〜13個通して、わにして結ぶ。ストローの数は手首の大きさに合わせる。

ネックレス ★
<材料>アルミホイル 50cm／毛糸（黄・太）70cm

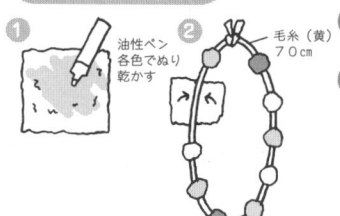

1. アルミホイルを5cm×5cmに切って、色をぬる。
2. わにした毛糸にアルミホイルを巻きつけて、丸く形作る。

ブローチA ★
<材料>アルミホイル 10cm×10cm／リボン（緑ギンガムチェック・1.5cm幅）6cm、（ピンク・6mm幅）10cm／安全ピン 1個

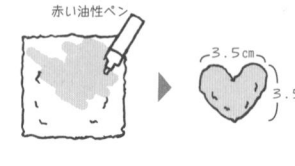

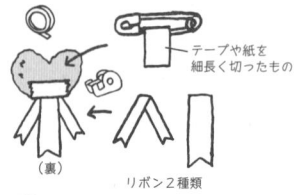

1. アルミホイルに色をぬって乾いたら、ハートの形を作る。
2. 裏側にリボンと安全ピンをつける。

ブローチB ★
<材料>アルミカップ 2個／ハートシール（大、小）各2個／色画用紙（ピンク）20cm×2cm／安全ピン 1個

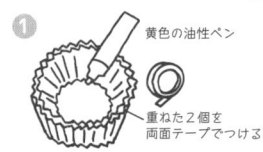

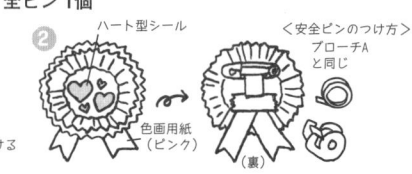

1. 重ねたアルミカップの底部分に色をぬる。
2. ハートシールをはり、裏側に安全ピンをつける。

ブローチC ★
<材料>折り紙（柄）1枚／アルミホイル 5cm×5cm／リボン（黄・1.5cm幅）10cm／安全ピン 1個

1. 折り紙を図のように折り、先を丸く切る。
2. ❶を開いたら中心をしぼってセロハンテープでとめ、表側に丸めたアルミホイルを両面テープでつける。
3. 裏側に安全ピンをつける。

指輪 ★

<材料>アルミホイル 10cm×10cm

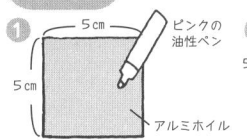

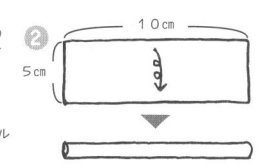

1. 油性ペンでアルミホイルに色をつける。
2. アルミホイルを巻いて細長い棒状にし、わを作る。
3. 絡ませたところをおおうように❶をつけて、丸く整える。

レースのブローチ ★

<材料>レースペーパー（直径15cm）1枚／リボン（緑チェック・2.5cm幅）40cm／安全ピン 1個

1. レースペーパーの中心を束ねてテープでつまみ、広げる。
2. ちょう結びにしたリボンをつける。
3. 裏側に安全ピンをつける。

<安全ピンのつけ方>
ブローチAと同じ

✂ 教えて！

ブローチの安全ピンのつけ方
細長く切った紙やリボンを半分に折って、ピンの固定されたほうをはさみ、ブローチの裏側にセロハンテープでしっかり取りつけます。

サングラス ★

<材料>トイレットペーパーの芯 1/2個／折り紙（赤）1枚／曲がるストロー（ピンク）2本

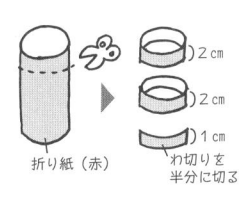

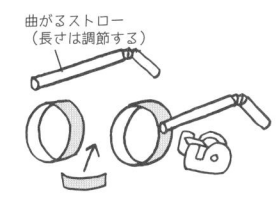

1. トイレットペーパーの芯に折り紙をはって、図のように切る。
2. パーツをつなげて、両脇に曲がるストローをセロハンテープではりつける。

カバン ★★

<材料>ティッシュボックス 1個／色画用紙（茶）37cm×24cm、（茶）5cm×20cm、（黄）2.5cm×2.5cm／モール（茶）1本

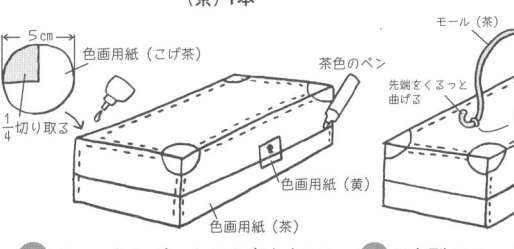

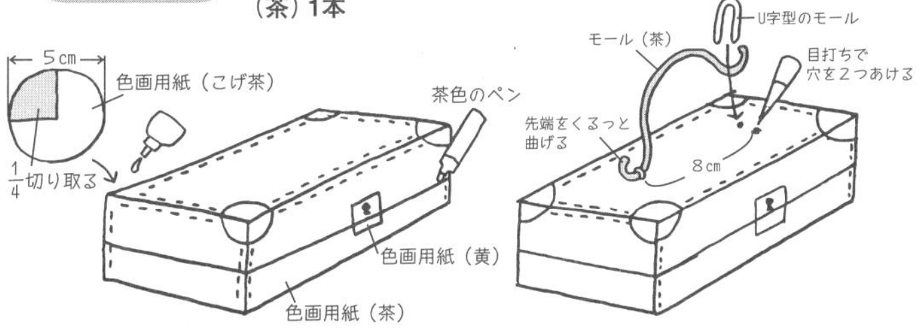

1. ティッシュボックスの底を上にして色画用紙をはり、飾りをつける。
2. U字型のモールで持ち手のモールをはさみ、目打ちであけた穴に入れて、内側でとめる。

ベスト ★

<材料>手さげ紙袋 28cm×28cm×マチ12cm

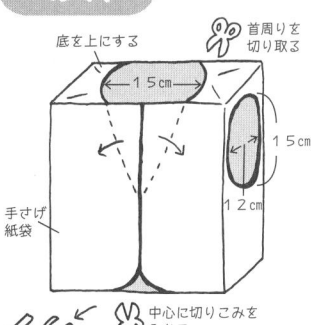

1. 図のように、紙袋を切る。持ち手も取る。
2. 上部を折ってえりを作り、模様を描く。ちょう結びにしたリボンをつける。 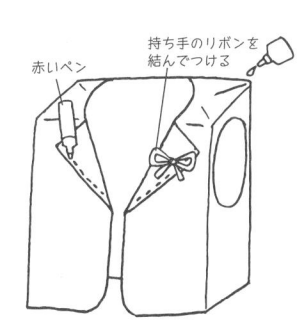

持ち手のリボンは取り、飾りに使う

ベルト ★

<材料>片段ボール（黒）5cm×40cm 2枚／板段ボール 6cm×8cm／折り紙（金）1枚

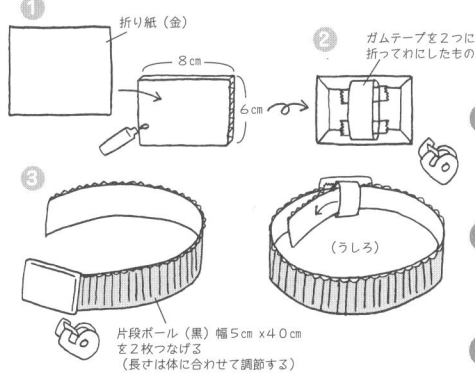

1. 板段ボールに折り紙をくるむようにはって、バックルを作る。
2. 裏側に、ガムテープをわにしたベルト通しをつける。
3. 2枚の片段ボールをつなげて、長くしたベルトをつける。

おしゃれサロン

作品 ➡ 40-41ページ

※記載の寸法は目安です。空き箱も身近にあるものなどを利用してください。

美容師バッグ ★

<材料>お菓子の空き箱 10cm×16.5cm×2.5cm 1個／折り紙(柄、黄緑) 各1枚／片段ボール(白) 2cm×60cm／布ガムテープ(青チェック、黄) 各適量

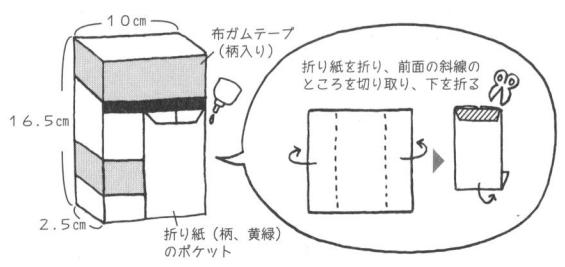

1. 空き箱に布ガムテープをはって飾り、折り紙で作ったポケットを取りつける。

2. 箱の裏側に、片段ボールのベルトをつける。先端にそれぞれ布ガムテープをはり、片方の内側には粘着面を出しておく。これでウエストのサイズに合わせて、はったり、はがしたりできる。

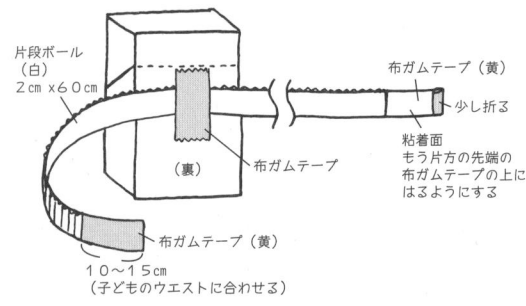

エクステンションA ★

<材料>毛糸(ピンク・極太) 3m (50cm×6本)／パッチンどめ 1個

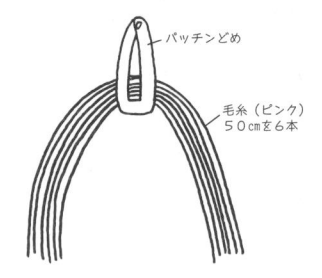

毛糸をパッチンどめにはさみこむ。

エクステンションB ★★

<材料>毛糸(黄・太) 3m (50cm×6本)／パッチンどめ 1個／わゴム 1本／リボン(赤ギンガムチェック・1.5cm幅) 30cm

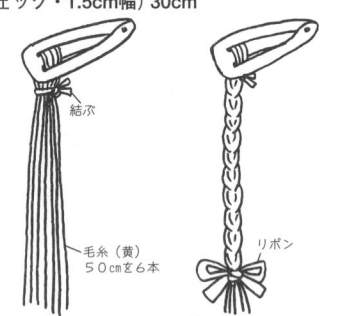

1. 毛糸をパッチンどめに絡ませて根元を結ぶ。
2. 毛糸を三つ編みにし、わゴムでまとめてリボンで飾る。

エクステンションC ★★

<材料>毛糸(ピンクと黄のまだら・太) 3m (50cm×6本)／バンスクリップ1個／わゴム1本

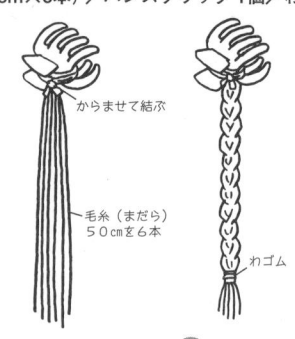

1. 毛糸をバンスクリップに絡ませて根元を結ぶ。
2. 毛糸を三つ編みにし、わゴムでまとめる。

ヘアピン ★

型紙 ➡ 85ページ

<材料2個分>ヘアピン 2個／色画用紙(薄いピンク、薄いオレンジ) 各4cm×4cm／丸シール(赤、緑・直径1cm) 各1枚

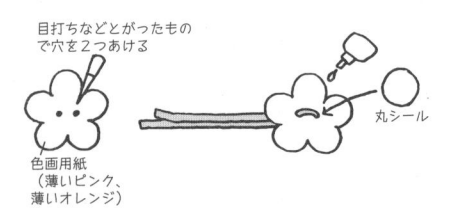

色画用紙を型紙通りに切って、穴をあけてヘアピンを通し、丸シールをはる。

カーラー ★

<材料2個分>トイレットペーパーの芯 1個／折り紙(ピンク、薄い紫) 各1枚

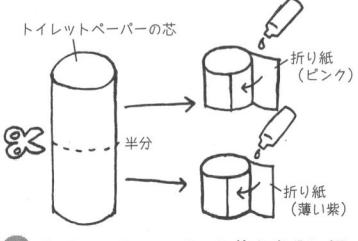

トイレットペーパーの芯を半分に切り、それぞれに折り紙をはる。

ネイルシール ★

<材料>シール(小さめ) 各種／お菓子の空き箱 8.5cm×10cm×2cm 1個／レースペーパー(直径15cm) 1枚／折り紙(好きな色) 適量

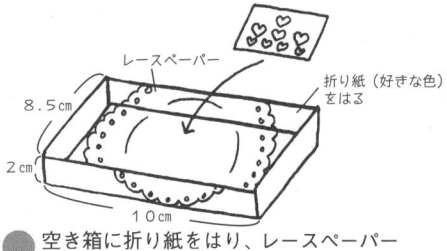

空き箱に折り紙をはり、レースペーパーをしく。小さめのシールを入れる。

おしろい ★★★

<材料>板段ボール 16cm×16cm／ティッシュ 2枚／折り紙（白）8cm×8cm、（青）16cm×8cm、（ピンク）7cm×7cm、（水色）6cm×6cm、（金）15cm×5mm／リボン型シール（青）2枚［パフ］ティッシュ 1枚／折り紙（オレンジ）1枚

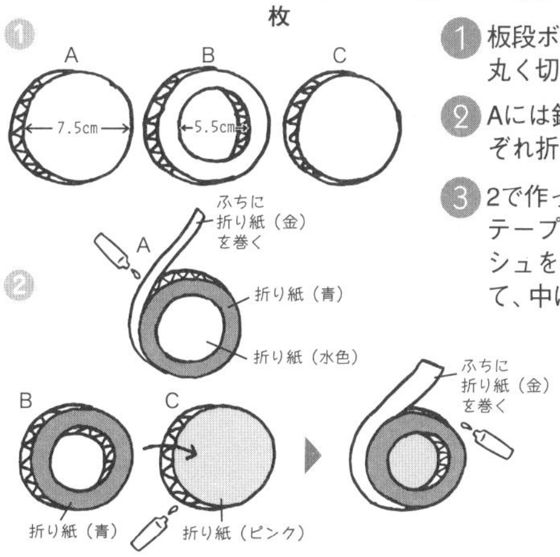

1. 板段ボールで直径7.5cmの丸を3枚切る。1枚は内側を丸く切り取る。
2. Aには鏡部分になるように折り紙をはる。B、Cはそれぞれ折り紙をはってから金の折り紙ではり合わせる。
3. 2で作った2つのパーツをテープでつなぐ。ティッシュを丸めてパフを作って、中に入れる。

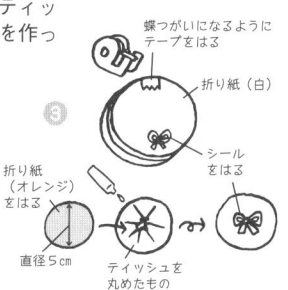

はさみ ★

<材料>厚紙（白）15cm×20cm／キラキラモール（銀）3cm

型紙 ➡ 85ページ

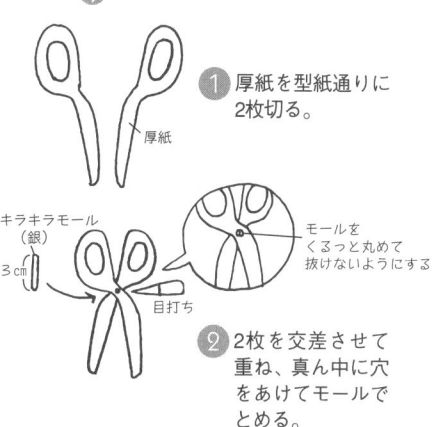

1. 厚紙を型紙通りに2枚切る。
2. 2枚を交差させて重ね、真ん中に穴をあけてモールでとめる。

口紅 ★★

<材料>トイレットペーパーの芯 1本／折り紙（青）8cm×10cm、（金）1cm×10cm、（赤）5cm×10cm、

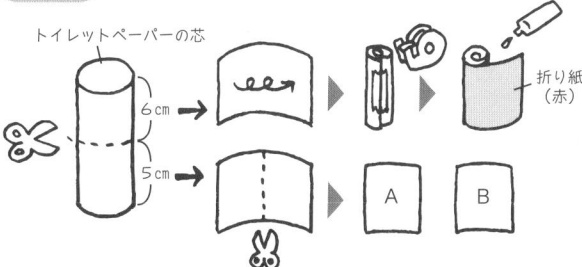

1. トイレットペーパーの芯を開いて縦半分に切る。ひとつはくるくる巻いて赤い折り紙をはり、口紅にする。もうひとつはケースにするため、2枚（A、B）に切っておく。
2. A、Bを口紅に巻きつける。Bはそのまま接着して折り紙をはる。キャップとなるAは抜き取れるようにしてテープでとめ、折り紙をはる。
3. キャップの上下のふちを、をそれぞれ細く切った金の折り紙で飾る。

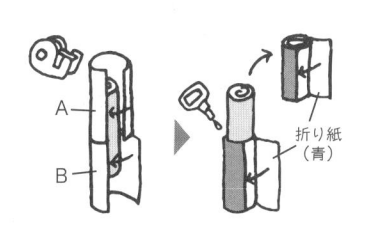

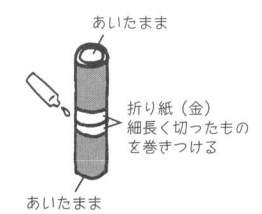

化粧品ケース ★★

<材料>空き箱 13cm×17cm×厚さ2.5cm／色画用紙（黄）15cm×15cm、（水色）10cm×12cm、（赤）15cm×15cm、（ピンク）5cm×12cm、（オレンジ）3cm×6cm／布ガムテープ（黒）適量／レースペーパー（直径15cm）1枚／ハート型シール（赤）1枚

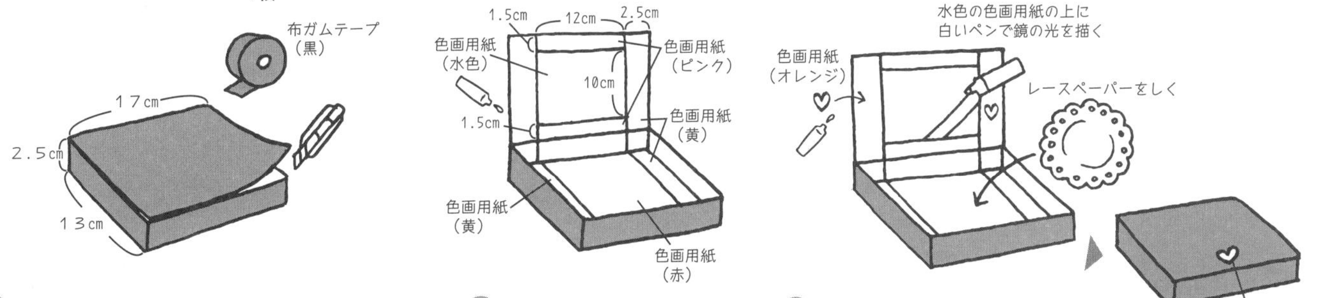

1. レトルトカレーなどの空き箱全体に布ガムテープをはり、図のように切って、上面が開くようなふたを作る。
2. 内側に色画用紙を切ってはる。
3. 色画用紙でハートの形を切ってはり、ペンで鏡の光を描く。レースペーパーをしく。ふたの上面にシールをはる。

おしゃれサロン

作品 ➡ 40-41ページ

※記載の寸法は目安です。空き箱も身近にあるものなどを利用してください。

化粧台 ★

<材料>ティッシュボックス 3個／ラッピングペーパー（柄）24cm×31cm／布ガムテープ（緑）適量

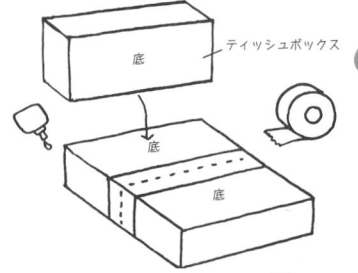

1. ティッシュボックス3個を図のようにはり合わせる。
2. ラッピングペーパーを表側になる部分全体にはり、側面を布ガムテープで飾る。 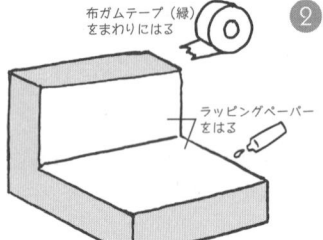

かつら ★

<材料>スズランテープ（黄）適量／わゴム 8本

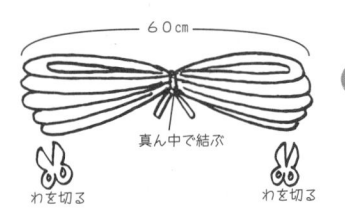

1. スズランテープでポンポンを作る。
2. わゴムを8本つなげて、先端どうしのわを一緒に❶の真ん中に通す。これをあごにかけてとめる。 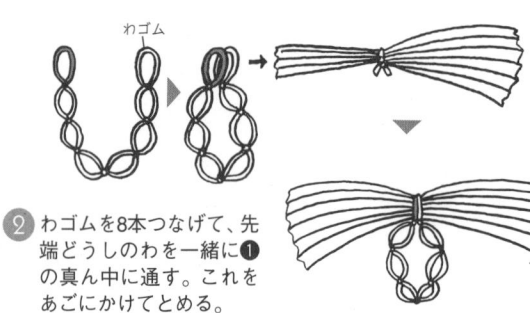

しゃしんやさん

作品 ➡ 42ページ

写真のフレーム ★★

<材料1枚分>板段ボール（片面白タイプ、もしくは白画用紙をはる）30cm×45cm

いただきまーす！

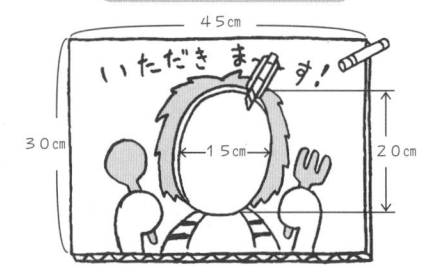

● 板段ボールを顔が出るようにだ円形に切り抜き、まわりに絵や文字を描く。

お店やさんごっこ　**お花がいっぱい！**

● 板段ボールを図のように四角く切り抜き、まわりに絵や文字を描く。

お店やさんごっこ 盛り上げアイテム

作品 ➡ 44-45ページ

※記載の寸法は目安です。空き箱も身近にあるものなどを利用してください。

レジスター ★★★

<材料>お菓子や紅茶の空き箱 15cm×17cm×3cm 1個、4cm×6cm×4cm 1個、12cm×15cm×7cm 1個/色画用紙(ピンク)70cm×15cm、(黒)5cm×14cm/布ガムテープ(ピンク)適量/梱包材(エアーパッキン)10cm×15cm/丸シール(黄・直径10mm)6枚、(白・同)16枚、(青・同)2枚/トイレットペーパーの芯 1個/カラーロープ(赤)30cm

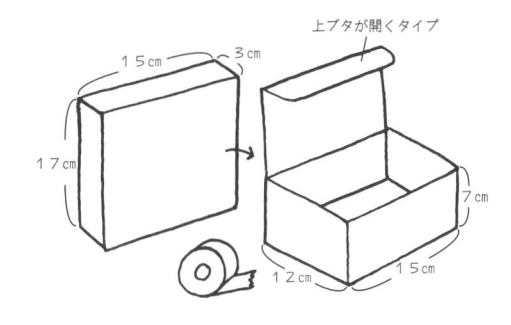

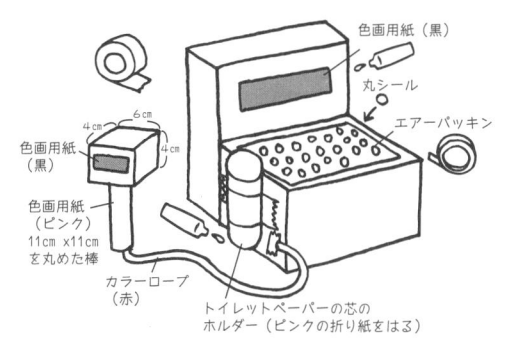

1. お菓子の空き箱(大)と紅茶の空き箱を図のようにはり合わせ、色画用紙や布ガムテープで飾る。
2. 小さな箱と丸めた色画用紙を接着して、バーコードリーダーを作る。ふたを閉じた状態で、エアーパッキンや色画用紙、シールなどで表面を飾り、トイレットペーパーの芯を側面に取りつける。

買い物かご ★

<材料>ティッシュボックス 1個/布ガムテープ(黄)適量/柄入りテープ 適量/カラーロープ(水色)80cm/紙ナプキン(柄)1枚

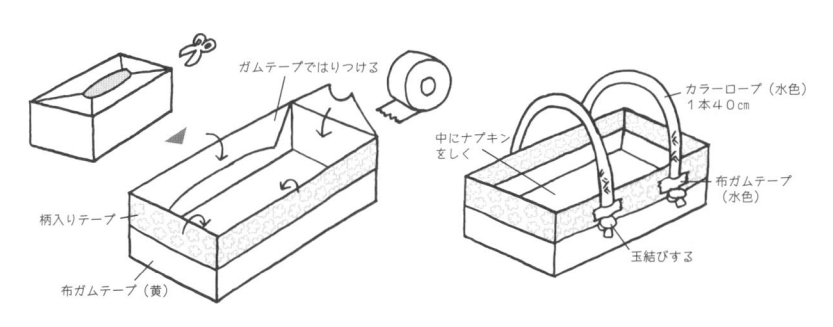

1. ティッシュボックスの上部に切りこみを入れて中に折りこみ、布ガムテープで飾る。
2. カラーロープを側面に取りつけて、持ち手を作る。

ショルダーバッグ ★★

<材料>お菓子の空き箱(17.5cm×10cm×6cm)1個/布ガムテープ(水色)適量/柄入りテープや折り紙(箱の大きさに合わせて)適量/リボン(黄・直径1.5mm)1m、(オレンジ・直径6mm)20cm

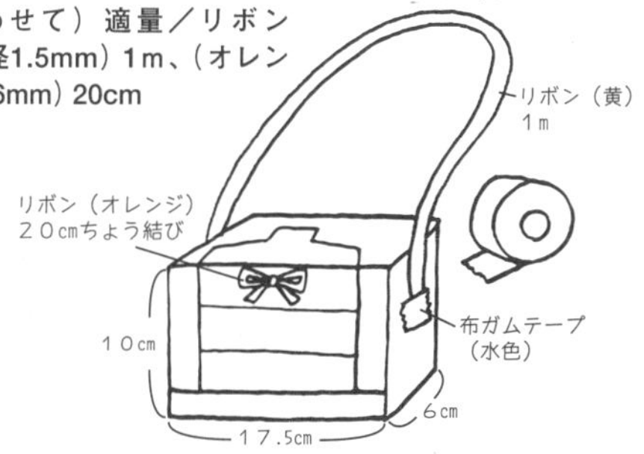

● お菓子の空き箱を布ガムテープや折り紙などをはって飾り、ちょう結びにしたリボン、肩ひも用のリボンをつける。

福引き ★

<材料>紙袋 1枚/折り紙(各色)適量/ビニールテープ(赤)適量

イラスト参考 ➡ 87ページ

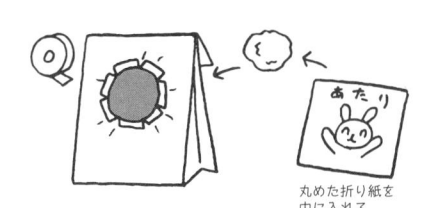

1. 紙袋に切りこみを入れて、手が入るくらいの穴をあける。
2. 穴は内側に折りこんで、ふちにビニールテープをはる。折り紙に「あたり」「はずれ」などを書いて丸めて中に入れる。

三角くじ ★

<材料>ティッシュボックス 1個/布ガムテープや折り紙など(好きな色)適量/折り紙(各色)適量

イラスト参考 ➡ 87ページ

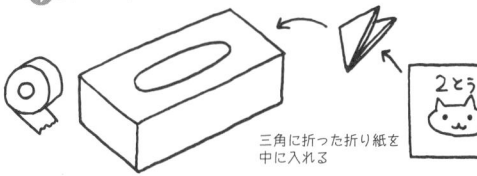

● ティッシュボックスに布ガムテープや折り紙などをはる。折り紙に「1とう」「2とう」などを書いて三角に折り、中に入れる。

お店やさんごっこ 盛り上げアイテム

作品 ➡ 44-45ページ

※記載の寸法は目安です。空き箱も身近にあるものなどを利用してください。

2つ折り財布 ★★

<材料>封筒（長形4号）2枚／丸シール（黄、黄緑・直径10mm）各1枚、（緑・直径15mm）2枚、（ピンク）1枚

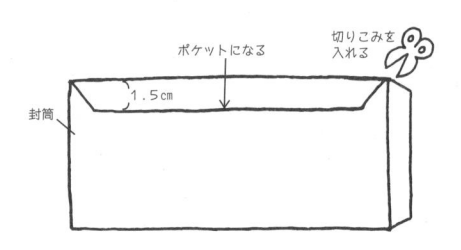

① 封筒の長辺に、お札を入れるための切りこみを入れる。

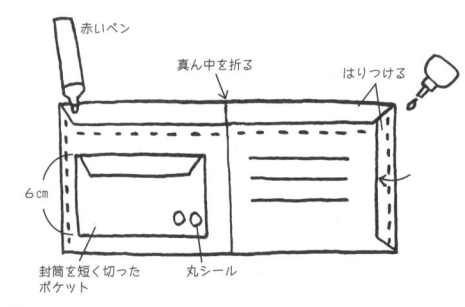

② 封かん部分、①で切りこみを入れたところをのりづけする。もう1枚の封筒を短く切ってポケットを作り、内側にはる。表・裏ともにペンやシールで模様をつける。

ポスター ★

<材料>画用紙（白）1枚

● 店の宣伝を、サインペンやマジックなどを使って描く。

メニュー ★

<材料>色画用紙1枚／チラシ適宜

● チラシの写真などを切りとって色画用紙にはる。

財布A 横型 ★

<材料>お菓子の空き箱 13.5cm×8cm×1.2cm 1個／布ガムテープ（水色）適量／柄入りテープ適量／丸シール（黄・直径15mm）1枚

財布B 縦型 ★

<材料>お菓子の空き箱 13cm×6.5cm×1.5cm 1個／折り紙（赤）1枚／リボン（赤ギンガムチェック・15mm幅）20cm／ハート型シール 1枚

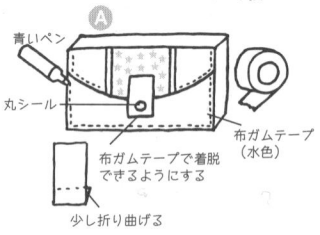

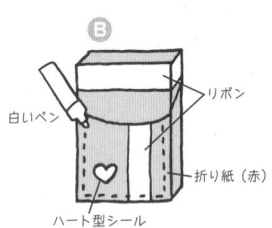

● お菓子の空き箱の形を生かして、折り紙や布ガムテープなどをはり、シールで飾りつける。

お札 ★

<材料1枚>色画用紙（好きな色）11cm×5.5cm

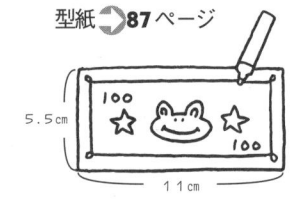

型紙 ➡ 87ページ

● 寸法通りに、または型紙通りに色画用紙を切って、模様を描く。

硬貨 ★

<材料1枚>色画用紙（好きな色）3cm×3cm

型紙 ➡ 87ページ

● ペットボトルのふたなどで丸い型をとって切り取り、模様を描く。型紙通りに切ってもOK。

小銭入れ ★

<材料>折り紙（柄）1枚／ハート型シール1枚

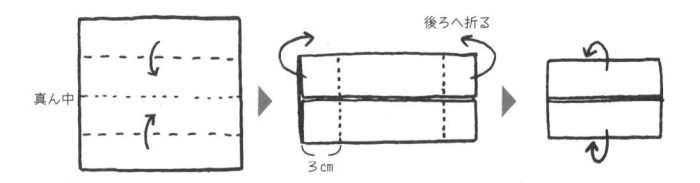

① 折り紙を、真ん中に折り目をつけてから図のように折る。

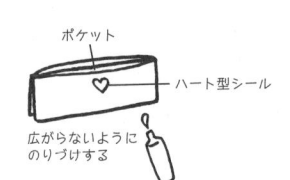

② 広がらないようのりづけし、シールをはる。

ポイントカード ★

<材料1枚>色画用紙（好きな色）10cm×7cm

● 実際のお店のポイントカードなどで型をとって切り取り、図柄を描く。

型紙

ケーキやさん・くだものやさん
ショートケーキ・イチゴのケーキ／イチゴのへた
作品:6・7・29ページ
作り方:52・53・71ページ

さかなやさん
カニ／カニの目・はさみ・足 それぞれ2個ずつ
作品:24ページ
作り方:67ページ

ケーキやさん
プリンパフェ／ウサギリンゴ
作品:8ページ
作り方:54ページ

ケーキやさん
プリンパフェ／キウイ
作品:8ページ
作り方:54ページ

レストラン
ピザ／サラミ
作品:12ページ
作り方:57ページ

ラーメンやさん
ラーメン／なると
作品:18ページ
作り方:62ページ

レストラン
スパゲッティ・ナポリタン／マッシュルーム
作品:15ページ　作り方:58ページ

くだものやさん
カキのへた
作品:29ページ
作り方:70ページ

やおやさん
トマトのへた
作品:26ページ
作り方:68ページ

ケーキやさん
コーヒークリーム
作品:9ページ
作り方:53ページ

おしゃれサロン
ヘアピン／花
作品:40ページ
作り方:80ページ

おしゃれサロン
はさみ
作品:40ページ
作り方:81ページ

おすしやさん
エビ
作品:22ページ
作り方:64ページ

＜さかなやさんのカニ＞以外の型紙はすべて原寸です。トレーシングペーパーなどの薄い紙に写すか、コピーして使ってください。＜さかなやさんのカニ／目、はさみ、足＞は、200パーセントに拡大コピーしてください。

型紙 ✂

レストラン
コックさんなりきりセット／ひげ
作品:13ページ
作り方:59ページ

はなやさん
はなやさんなりきりセット／エプロンのマーク
作品:36ページ
作り方:77ページ

おかしやさん
おかしさんなりきりセット／エプロンのマーク
作品:31ページ
作り方:73ページ

ハンバーガーショップ
ハンバーガーショップのマーク
作品:20-21ページ
作り方:63ページ

おべんとうさん
おべんとうやさんなりきりエプロンのマーク
作品:16ページ
作り方:61ページ

でんきやさん
でんきやさんなりきりはっぴのマーク
作品:33ページ
作り方:76ページ

パンやさん
パンさんなりきりセット／エプロンのマーク
作品:10ページ
作り方:56ページ

型紙はすべて原寸です。トレーシングペーパーなどの薄い紙に写すか、コピーして使ってください。

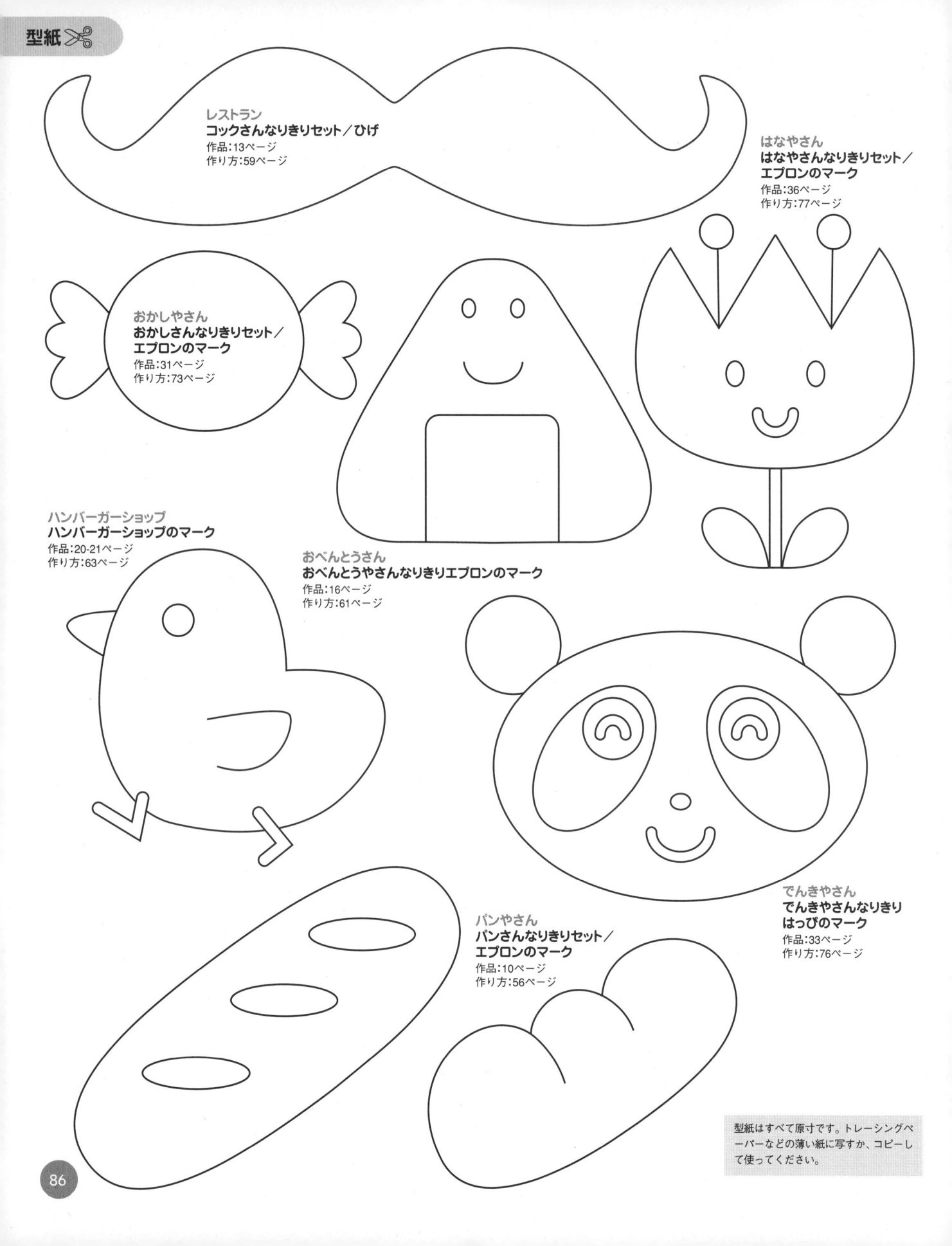

✂ 型紙

トレーシングペーパーなどの薄い紙に写すか、好きな大きさに拡大・縮小コピーして使ってください。

あたり

福引き・三角くじの参考イラスト
作品:44ページ
作り方:83ページ

はずれ

硬貨
作品:45ページ
作り方:84ページ

1　5　10　50　100

お札
作品:45ページ　作り方:84ページ

1000　1000　500
1000　1000　500

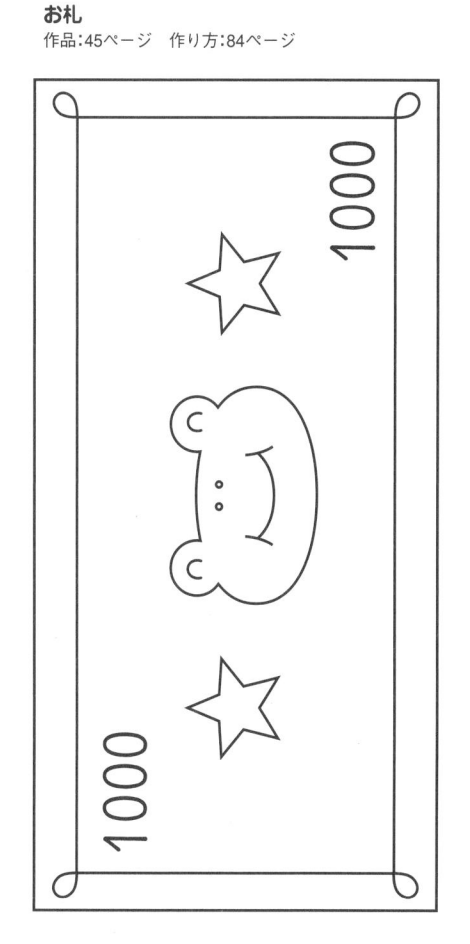

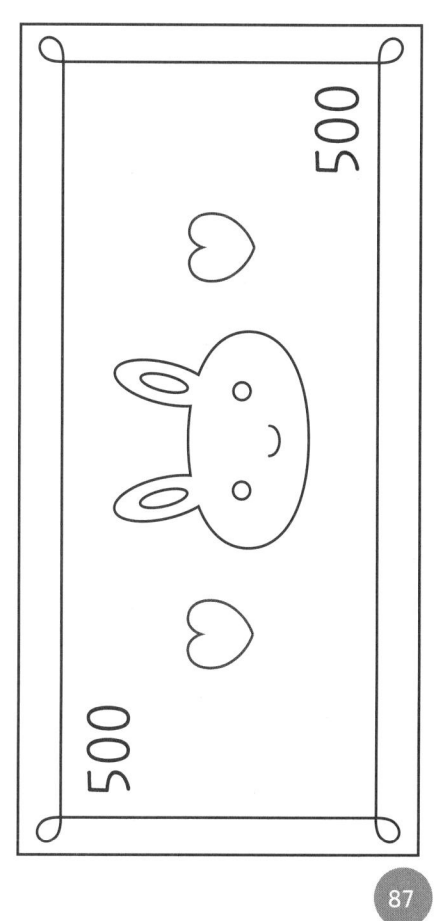

千葉県生まれ。専門学校のトーイデザイン科を卒業後、おもちゃメーカーにて4年間企画・デザインを担当。その後、映像制作会社で幼児向けビデオの制作を手伝った後、独立。現在、子どもや女性向けの造形作品を保育雑誌やNHK工作番組他、多くの場で発表している。Eテレ「ノージーのひらめき工房」工作の監修(アイデア・制作)を担当中。著書に『かんたん！ かわいい！ 0・1・2歳児の布おもちゃ＆布えほん』(チャイルド本社)、『かんたん！愛情手作り布えほん・布おもちゃ』(主婦と生活社)、『つくってたのしい！ あそべるおりがみ』『たのしい！ てづくりおもちゃ』(ポプラ社)『5回で折れる季節と行事のおりがみ』『うつして切るだけ！季節と行事のきりがみ』(汐文社)などがある。

モデル・・・朝比奈大斗、加藤璃子、小林蘭奈、寺澤展(ジョビィキッズ・プロダクション)
ブックデザイン・・・中嶋香織
撮影・・・安田仁志
作り方イラスト・・・いしかわ☆まりこ、もぐらぽけっと
イラスト・・・いしかわ☆まりこ、北村友紀、中嶋香織
型紙トレース・・・もぐらぽけっと
編集協力・・・下平紀代子(Office Q.U.U)
編集担当・・・石山哲郎、井上淳子

みんな大好き！
お店やさんごっこ かんたんアイテム150

2007年11月　初版第1刷発行
2020年1月　　第10刷発行

著　者／いしかわまりこ　©Mariko Ishikawa 2007
発行人／村野芳雄
発行所／株式会社チャイルド本社
　　　　〒112-8512　東京都文京区小石川5-24-21
電　話／03-3813-2141(営業) 03-3813-9445(編集)
振　替／00100-4-38410
印刷所／共同印刷株式会社
製本所／一色製本株式会社
ISBN／978-8045-0107-1　C2037
NDC376　26×21cm　88P

乱丁・落丁本はお取り替えいたします。

本書の型紙以外のページを無断に複写複製することは、法律で認められた場合を除き、著作権者及び出版社の権利の侵害となりますので、その場合は予め小社あて許諾を求めてください。

チャイルド本社ホームページアドレス　https://www.childbook.co.jp/
チャイルドブックや保育図書の情報が盛りだくさん。どうぞご利用ください。